## Pr...

Mener une v...

*Enfance d...*

Pierre Billaux fut le coiffeur pour hommes de mon enfance ; il fut jusqu'à sa retraite celui de mon père, puis de mon frère ; il a été aussi le barbier de mon grand-père qui fit la guerre de 14-18. Dans son échoppe passaient les hommes du village. Un peu frustes, un peu taiseux, un peu las sur leurs chaises dans l'attente de leur tour. Il y avait aussi des bavards qui avaient tout vu et qui connaissaient tout ; des alcooliques marqués par la vie et qui trompaient leur mélancolie dans le mauvais vin ; des gens aux mains calleuses, brunies par la terre ou noircies par le cambouis ; des pauvres qui ne payaient jamais ; des petits garçons conduits par leur mère ou, comme moi, par leur père.

Je me souviens des bruits de l'échoppe : les coups de ciseaux, vifs, le jeu enjoué des lames qui se croisent d'où naissait une petite musique, le grincement des chaises en bois, le feulement du rasoir sur les cheveux ou son crissement sur les barbes de trois jours, comme celle du père Pellerin, Louis, un poilu de 14, le sacristain avec lequel je sonnais les cloches de l'angélus en m'accrochant à la corde qui me soulevait d'un ou deux mètres sous le clocher.

Je me souviens des odeurs de l'échoppe : le shampoing qui décrassait la tête de plus d'un qui n'avait pas vu l'eau depuis longtemps, le parfum, le *sent-bon*, appliqué après le rasage, le Pento, un genre de brillantine, ou la laque qui servait plus rarement – c'était pour les filles... Le parfum aussi du savon à barbe qui moussait dans le bol et se trouvait appliqué au blaireau sur les joues poilues des anciens qui venaient deux ou trois fois par semaine se faire raser au couteau passé sur le cuir.

Je me souviens des conversations de l'échoppe : la vie, l'amour, la mort, la politique, les potins, les souvenirs, la vie des familles, les nouvelles des enfants partis ou du grand-père qui glissait doucement vers le cimetière, les morts récents, le temps qu'il fait.

Il y avait dans ces quinze mètres carrés un masque africain, de l'ethnie Dan, rapporté par un fils du village devenu professeur de géographie à l'université de Dakar. J'y ai probablement contracté le goût pour l'art africain que je collectionne un peu. Haut en couleur, hâbleur, la barbiche d'un mousquetaire, le verbe haut, ce professeur citait Drieu ou Brasillach pour faire son effet.

Parfois passait par là, foutraque et délirant, fêtard et noceur invétéré, le fils du bistrotier avec une casquette de nazi sur la tête, elle avait été oubliée dans une bicoque appartenant à son père par un officier de l'armée d'occupation après le Débarquement en juin 44. Il entrait et faisait le salut nazi en plastronnant. Pierre lui

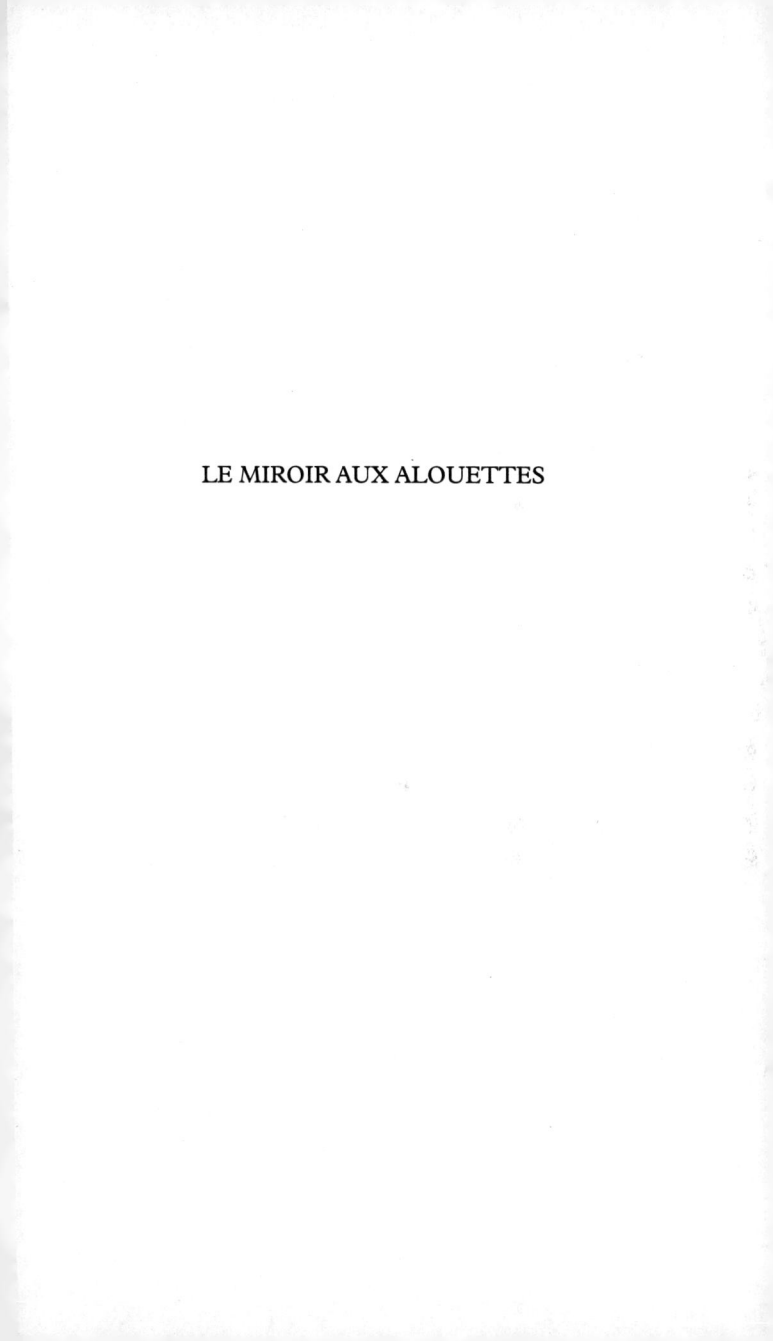

# LE MIROIR AUX ALOUETTES

Les ouvrages du même auteur
figurent en fin de volume.

Michel Onfray

# Le miroir aux alouettes

## Principes d'athéisme social

Pluriel

Couverture : Delphine Delastre
Illustration © Philippe Ramette, *La Traversée du miroir,* 2007 / Marc Domage,
ADAGP, Paris, 2017

ISBN : 978-2-818-50514-4
Dépôt légal : avril 2017
Librairie Arthème Fayard/Pluriel, 2017

© Éditions Plon, un département d'Édi8, 2016.

« Toute politique,
même chez les plus grands hommes d'État,
est de l'improvisation au petit bonheur. »

Nietzsche, *Humain, trop humain* (II.277)

Voici comment, dans *La Chasse à tir*, en 1911, Paul Cunisset-Carnot, gendre du président Sadi Carnot, juriste et chasseur, définit le miroir aux alouettes : « Le miroir est une petite pièce de bois ciré de forme très variée. Elle repose sur un pivot qui vient s'emboîter dans sa partie concave, lequel obéit à un mouvement de va-et-vient alternatif qu'on lui imprime à l'aide d'une ficelle. Sur toutes les faces du bois il y a souvent un semis de petites glaces. On plante en terre le piquet sur lequel pivote le croissant pailleté, et l'on actionne à distance en tirant à soi la ficelle et en lui rendant alternativement la main. C'est là le miroir de type classique. »

L'auteur écrit que le miroir est la perdition de l'alouette, car « elle est incapable de se soustraire à l'étrange attirance qu'il exerce sur elle. Son pouvoir fascinateur est sans limites ».

Ce *Miroir aux alouettes. Principes d'athéisme social*, est un genre d'autobiographie politique.

*Préface*

disait : « Arrête tes conneries... Tu ne sais pas ce que tu fais... » Ce copain d'école, jovial et déjanté, est mort dans la quarantaine, confit dans l'alcool, d'un cancer de testicules qui avaient beaucoup servi.

Pierre Billaux savait que le nazisme était une connerie, plus qu'une connerie même. Et pour cause... J'allais chez lui pour parler, pas seulement pour me faire couper les cheveux. Il y avait sur une chaise *Hara-Kiri*, *Charlie Hebdo*, *La Gueule ouverte*, *Photo*, *Le Canard Enchaîné*, *Le Nouvel Observateur*, *Ouest-France*, *Le Journal de l'Orne*... Dans Chambois, village rural de cinq cents habitants, c'était une authentique maison de la presse en libre-service ! Les journaux satiriques, écologistes, politiques, c'est ici que je les ai découverts et lus. Quand Pierre attendait le client et qu'il reposait ses jambes en s'asseyant, je ramassais les cheveux accumulés par terre avec un balai en deux parties qu'il fallait emmancher.

Un jour, Pierre m'a dit : « Assieds-toi. Je vais te raconter quelque chose que je ne raconte jamais. » J'avais quel âge ? Une douzaine d'années, je crois... Je me suis assis, grave. Il m'a alors raconté son entrée dans un groupe de Résistance nommé « Vengeance », son arrestation dans la boutique de coiffure où il était alors ouvrier coiffeur, la rafle qui avait embarqué mon oncle qui en a perdu un sabot sur le quai de la fromagerie où il était chauffeur laitier, l'interrogatoire mené par un collaborateur caché derrière des lunettes noires, coiffé d'un chapeau, portant un manteau au col relevé : Pierre a reconnu le pied-bot du village qu'aucune fille n'invitait à danser et qui jouait de l'accordéon dans les bals de la commune et alentour. Il m'a raconté les scènes de torture dans ce qui était devenu, au moment où il me parlait, la maison de maître du patron de la fromagerie du village. Puis son enfermement dans la prison d'Alençon, la préfecture, avec des *moutons* qui essayaient de faire parler les détenus de la cellule. Enfin sa déportation au camp de Neuengamme, les conditions d'incarcération, le travail forcé, la vie qui compte pour rien, la balle dans la tête pour une broutille. Ou bien encore cette anecdote dantesque d'un repas où la soupe fut exceptionnellement agrémentée de viande sous le rire des nazis. Pierre apprit des années plus tard qu'il y eut des scènes de cannibalisme organisées par les nazis pour humilier leurs misérables détenus.

Je fus sensible aux leçons. Ainsi : au désir nazi d'animaliser les hommes répondait l'organisation par tel ou tel, souvent un communiste, d'une répartition équitable de la pitoyable ration qu'auraient pu confisquer les plus forts. Au lieu de la loi de la jungle qui aurait permis aux plus violents de manger seuls au détriment de tous, allégorie de la brutalité du capitalisme libéral, l'homme de gauche répondait par le partage, la solidarité, la fraternité, l'humanité.

Pierre fut frappé par un kapo avec la crosse de son fusil. La plaie s'infecta. Des asticots grouillaient dans la blessure. Il fut admis à l'infirmerie. La vermine a un pouvoir antiseptique et cicatrisant. Il fut probablement sauvé par cette blessure. Autre leçon de vie : d'un mal peut sortir un bien. Le fameux « Ce qui ne me tue pas me fortifie » de Nietzsche prend ici tout son sens.

De même, Pierre me raconta les petits matins au rapport, dans des températures polaires. Des déportés faméliques, exténués, épuisés, éreintés, se retrouvaient aux aurores, grelottants, répondant à l'appel. Pierre me dit qu'il eut des moments de bonheur dans cet enfer à faire pâlir celui de Dante quand il voyait passer un écureuil dans la lumière tel un éther lustral. Leçon philosophique concernant le pouvoir qu'a chacun sur ce que les stoïciens nomment les *représentations*, les formes prises par le réel, et sur le pouvoir de la volonté qui résiste en jouissant du « pur plaisir d'exister », l'expression est d'Épicure, dans un monde où la mort fait la loi mille fois par jour autour de soi et peut-être contre soi dans l'instant qui suit.

Pierre qui fut un résistant, un vrai, un authentique, un qui mérite véritablement l'épithète, n'a jamais donné dans les logiques de l'Ancien Combattant arborant ses états de service. Il n'a jamais cru que son passé de déporté lui donnait des droits ; au contraire, il en a conclu qu'il exigeait de lui des devoirs. Notamment celui de lutter pour que ce qui fut vraiment une barbarie ne recommence pas.

Il fut un militant d'Amnesty International passionné pendant des années jusqu'à ce que sa santé ne le lui permette plus ; il est sorti de son silence dans les années 80, au moment où le Front national de Jean-Marie Le Pen grandissait, pour raconter la Résistance, la déportation, les camps, le nazisme, les rafles, l'antisémitisme, dans les collèges et lycées. Il m'avait fait l'amitié de venir dans le lycée technique de Caen où j'enseignais, avec Roger Ruel, le père de ma compagne aujourd'hui décédée, lui aussi résistant, et un autre de leurs amis d'Argentan, monsieur Rycroft.

*Le miroir aux alouettes*

C'est Pierre qui, quand j'avais douze ou treize ans, m'a converti à l'abolition de la peine de mort, une mauvaise idée à laquelle je souscrivais comme quiconque laisse parler ses instincts sans souci de ce que peut dire son intelligence. Le talion, qu'elle qu'en soit la forme, y compris d'État, n'est jamais la bonne réponse à une offense.

C'est Pierre qui m'a montré ce que voulait dire être de gauche : non pas voter à gauche, ce qu'il fit toute sa vie, bien sûr, mais *mener une vie de gauche*. Autrement dit : donner, partager, distribuer ce que l'on a : du temps, de l'argent, de l'énergie, de l'affection, de l'écoute, de la bienveillance, de l'amitié, de la sollicitude, de la tendresse, de la disponibilité. Il le faisait avec les romanichels qui passaient tous les ans dans le village et venaient chez lui ; avec les nombreux descendants des Lessard, une famille du coin ayant émigré au Canada au XVII$^e$ siècle dont la parentèle revient souvent sur la terre de leurs ancêtres ; avec les gens qui poussaient sa porte, des enseignants et des étudiants pour un travail universitaire en cours ; avec des anonymes qui savaient qu'il était aussi la mémoire de ce village qu'il a tellement photographié et dont il collectionne les archives ; avec des amis, Jean, le tailleur de pierre, Ghislain, le libraire de livres anciens.

C'est Pierre qui m'a aussi mis entre les mains des exemplaires des cahiers anarchistes *Noir et Rouge* dans lesquels j'ai lu pour la première fois le nom de Proudhon, parmi tant d'autres étoiles de la constellation anarchiste. Moi qui cherchais une forme à donner à ma révolte, je compris qu'elle ne serait ni socialiste, trop

## Préface

*light*, ni communiste, trop barbelée, mais anarchiste, parce que libertaire. Avec cette précision qui importe : non violente et pacifique.

Les photos qu'il avait faites de Léo Ferré lors d'un concert et qui étaient affichées sur les murs de son échoppe donnaient le *la* : une anarchie insoucieuse des catéchismes anarchistes, une anarchie rebelle et anticonformiste (c'est le moins qu'on puisse faire en la matière !), une anarchie sans guillotine et sans bombe, une anarchie sans cachots et sans prisons, sans commissaires politiques et sans schlague.

Pierre est bien fatigué. Il ne quitte presque plus son lit. J'ai peine à voir sa longue et interminable fin. J'aime embrasser ses joues douces. Je voudrais qu'il vive encore longtemps. Mais je ne souhaite pas qu'il vive cette vie d'aujourd'hui que, malgré tout, il porte beau, comme quand il était jeune et élégant. Son dernier combat, il le mène encore avec bravoure.

Je veux dans ma vie que ses leçons ne soient pas vaines : on ne doit pas utiliser les mots résistant et collabo n'importe comment, ni même nazi ou fasciste, ou vichyste et pétainiste ; on doit mener une vie de gauche, et ne pas se contenter de parler à gauche ; on doit vouloir une gauche qui ne hait personne, surtout pas ceux qui ne pensent pas comme nous, donc qui se trouvent plus à l'aise à droite et que je ne méprise pas ; parce que de gauche, on doit défendre la droite quand elle est attaquée ou, parce que, athée, on doit défendre les religions quand elles le sont aussi ; on doit vouloir la justice sociale et, pour ce faire, ne jamais utiliser des moyens injustes pour y parvenir ; on peut, on doit, refuser toute forme de violence, pour peu qu'on vive dans un régime démocratique ; on peut construire toute une politique sur le refus de toute peine de mort – la guillotine d'hier ou les guerres d'aujourd'hui. C'était la leçon de Camus. C'est la sienne. Ce fut la mienne.

Introduction

Le miroir aux alouettes

*Principes d'athéisme social*

J'avais vingt-deux ans et je laisserai dire à qui le voudra que c'était le plus bel âge de la vie. Car ce le fut. À l'époque, la boussole politique indiquait encore le nord : la gauche était de gauche, la droite était de droite ; le Front national (de Jean-Marie Le Pen) ne siphonnait pas encore les idées économiques et sociales du Parti communiste français (de Georges Marchais), puisqu'il était alors son ennemi de prédilection ; à l'inverse d'aujourd'hui, le premier était très bas, le second très haut ; l'extrême gauche ignorait l'écologie, et vice versa ; un gaulliste n'était pas un libéral et les libéraux n'aimaient pas les gaullistes qui le leur rendaient bien ; un socialiste était un socialiste, un communiste était un communiste ; les féministes dites de gauche ne militaient pas pour la prostitution (comme aujourd'hui Marcela Iacub), pour la location d'utérus aux riches (comme aujourd'hui Élisabeth Badinter), ou pour le droit à copuler avec des animaux ou à manger ses excréments, ou ceux d'autrui (comme Paul Beatriz Preciado, *Libération* 17.01.2014). Une gauche de droite aurait paru à cette époque ce qu'elle est véritablement aujourd'hui alors qu'elle est au pouvoir : une monstruosité.

Giscard avait accordé le droit de vote à dix-huit ans le 5 juillet 1974, mais ça ne me concernait pas encore : j'avais quinze ans. Ma première élection fut une cantonale en mars 1979. Dans mon village natal, Chambois, dans l'Orne, canton de Trun, le vétérinaire de droite s'opposait à l'instituteur de gauche : sans surprise, le premier était chiraquien, on disait alors gaulliste, c'était faux ; le second était mitterrandiste, on disait alors socialiste, c'était vrai.

Il se fait que je connaissais bien l'instituteur candidat du PS : Émile Legris. Il m'a appris lui aussi ce qu'était la gauche : non pas voter à gauche, non pas avoir pris sa carte à un parti de gauche, non pas soutenir quoi qu'il arrive, même quand il se renie dix fois en dix ans, un parti qui se prétend de gauche, mais *mener une vie de gauche*. Émile m'avait été présenté par mon ami Ghislain, aujourd'hui bibliophile érudit qui vend des livres anciens, toujours à Chambois, notre village de cinq cents âmes.

Nous avions lui et moi des problèmes avec nos familles respectives. Nul besoin de s'attarder là-dessus. Il y avait toujours chez Émile et Anne-Marie, son épouse hélas trop tôt disparue d'un cancer, un lit pour dormir, un réfrigérateur pour se faire un sandwich au jambon ou aux rillettes, une bouteille de jus de fruit, quelques francs pour faire le compte afin d'acheter un paquet de Gauloises bleu et une table autour de laquelle fumer, boire, manger, parler, veiller, refaire le monde.

*Introduction*

Émile était instituteur, mais aussi animateur de colonies de vacances, il s'occupait également d'un club de tennis de table. Il ne comptait jamais son argent ; il se serait plutôt pendu que de se faire rembourser des notes de frais. Il n'avait aucun souci de prosélytisme et n'a jamais eu d'idées politiciennes derrière la tête : il s'occupait des jeunes en délicatesse avec leurs parents, sans reprocher quoi que ce soit à qui que ce soit. Il partageait ce qu'il avait, voilà tout. Mener une vie de gauche, c'était chez lui pratiquer des vertus de gauche : générosité, bénévolat, gratuité, partage, fraternité.

Ghislain et moi avions acheté une bombe de peinture pour taguer au sol une invitation à voter pour lui. À la sortie du village, sur la route qui conduit au cimetière, fébriles et le cœur battant, nous avons bombé un : « Votez Leg » car nos trop grandes lettres avaient épuisé la bombe avant la fin... Il ne fut pas élu. Ceci n'a rien à voir avec cela. Émile est resté de gauche ; le PS, non.

En plus d'Émile Legris, outre Pierre Billaux, j'avais également la chance de connaître dans mon village une autre personne de gauche qui vivait à gauche : Marcelle Henri, militante communiste, mon institutrice en Mai 68.

Marcelle Henri était une femme seule qui, pour ce que j'en ai su, s'était séparée d'un mari qui buvait. Elle fumait comme un sapeur dans sa salle de classe et n'hésitait pas à distribuer des torgnoles aux *apprenants*, comme on ne disait pas encore, récalcitrants. Les craies volaient dans la pièce ; les dictionnaires servaient, comme jadis les annuaires dans les commissariats, à estourbir sans faire de traces. Elle faisait ôter les lunettes

*Le miroir aux alouettes*

des élèves à punir, elle retournait sa bague dont elle plaçait le chaton à l'intérieur de sa main, puis elle prenait tout son élan pour envoyer une gifle magistrale, avant de remettre sa bague en place et de reprendre la leçon de calcul mental. Avec pareille méthode, on apprend vite à lire, à écrire, à compter. Et à penser : mais pas forcément comme prévu... Autre temps, autres mœurs.

J'ai vécu Mai 68 sous sa férule. Elle écoutait Europe 1 probablement parce que, déjà, France Inter était la radio étatique, la voix de son maître, l'organe officiel de l'État français. Elle arrêtait tout à chaque heure pour écouter les informations. J'étais en CM1, j'avais neuf ans. Je n'y comprenais pas grand-chose. Des manifestants sur des barricades, un général de Gaulle en habit militaire sur un écran en noir et blanc, des images de voitures en feu, le ton grave de celui dont mon père disait avec respect qu'il avait résisté à l'occupant allemand dès juin 40.

Le « PC » fut sa vie, sa famille, sa culture, sa religion. J'en veux moins aux militants de cette noble cause, le bonheur de l'humanité, ceux de la base, qu'à ceux qui, dirigeant le parti, trahissaient cette idée généreuse et ces gens désintéressés en sachant que l'URSS n'était pas le pays de la liberté, que les pays de l'Est étaient constellés de camps de concentration, que Staline fut un tyran semblable à Hitler, que le régime était policier, que le pacte germano-soviétique a fait du PCF un parti de collaboration jusqu'en juin 1941. J'en veux aux dirigeants communistes qui, sachant tout cela, ont trahi la classe ouvrière pendant la moitié d'un siècle...

*Introduction*

Madame Henri était du côté des ouvriers et des employés de la fromagerie de mon village dirigée par un patron vieille France selon les principes paternalistes augmentés du droit de cuissage : mon oncle était chauffeur laitier dans cette petite usine, mon père ouvrier agricole dans la ferme de ce patron, ma mère femme de ménage dans son domicile que l'on appelait « le Château », et je fus avec mon ami Ghislain, deux saisons durant, 74-75, 76-77, ouvrier dans cette fromagerie pour me payer mes études. J'ai raconté dans la préface à *Politique du rebelle*[1] que je dois une partie de ma rébellion politique à cette expérience.

Mon tempérament fut libertaire ; il l'est resté. Ghislain m'avait offert, à Noël 1975, le *Fourier*[2] de Pascal Bruckner. J'ai tout de suite aimé ce socialiste français poétique, joyeux, hédoniste, libertaire, lyrique, utopiste pour le dire dans le vocabulaire polémique de Marx. Le Phalanstère, la sexualité généralisée, l'art de la gastrosophie, la construction d'une politique à partir des passions, tout cela me ravissait bien plus que Marx avec sa dictature du prolétariat, son idéal ascétique puritain, son austérité luthérienne, sa justification dialectique de la violence.

J'eus un temps le désir d'action politique ; je m'en ouvris à Marcelle Henri ; elle me fit savoir qu'une cellule du PC sur le campus où j'allais m'inscrire en philosophie dès octobre 1976 était plus adéquate que celle du village, tout entière constituée d'ouvriers de l'usine.

---

1. Grasset, 1997.
2. Seuil, 1975.

Elle m'offrit la littérature du parti, plus des vignettes pour aller à la fête populaire d'Argentan ! Le prosoviétisme de ces brochures me convainquit que je ne pouvais vouloir cette voie. Pierre Billaux m'avait fait lire *J'ai choisi la liberté !*[1] de Victor Kravtchenko. Et, en 1974, après la traduction française de *L'Archipel du Goulag*[2], un chef-d'œuvre qui déplut aux staliniens et à Jean Daniel, quiconque prétendait ne pas savoir était un *chien* – pour le dire avec les mots choisis et fleuris de Sartre, qui en était un, et traitait alors tout anticommuniste de chien.

J'avais en effet pris connaissance de la littérature anarchiste avec l'anthologie de Daniel Guérin : *Ni Dieu, ni maître*[3]. Certes, le drapeau noir me convenait très bien, mais je trouvais Bakounine et Kropotkine trop proches de Marx. Ils étaient d'accord sur les fins et ne différaient que sur les moyens. Déjà, cette anarchie me semblait pécher par excès de spontanéisme, par religion de l'histoire, par confiance dans un progrès mécanique, par manque de pragmatisme.

J'aimais Fourier, mais l'idée que le socialisme permettrait un jour de transformer la mer en vaste étendue de limonade m'apparaissait bien socialistement présomptueuse ; j'aimais la famille militante du PCF, mais je ne souscrivais pas aux cadres du parti, aux permanents du parti, à la direction nationale du parti ; j'aimais la pensée anarchiste, mais je trouvais la plupart de ses

---

1. 1947.
2. Seuil, 1973.
3. Maspero, 1970.

## Introduction

grandes figures sinon contradictoires (l'égotisme de Stirner et le communisme de Kropotkine, la violence de Ravachol et le pacifisme de Lecoin, le militarisme de Malatesta et l'antimilitarisme de Guérin), du moins manquant de sens du concret.

Proudhon me sortit de mon sommeil dogmatique, à dix-sept ans, en terminale. Sur le marché d'Argentan, j'avais acheté d'occasion *Qu'est-ce que la propriété ?*[1] en livre de poche. Je trouvais cette pensée intéressante : non pas idéaliste ou hégélienne, comme celle des libertaires allemands ; non pas délirante ou utopique, comme celle du Fourier le plus extravagant ; non pas naïve, comme celle du prince géographe russe Kropotkine ou de l'hégélien Bakounine, mais terre à terre, concrète, soucieuse d'efficacité.

J'estimais qu'un libertaire faillit comme libertaire s'il fait d'une pensée anarchiste sa bible, son catéchisme, son viatique. À quoi bon revendiquer la liberté tout en consultant les œuvres complètes de tel ou tel Père de l'Église anarchiste pour savoir ce qu'il convient de penser ? D'autant que Sébastien Faure ou Jean Grave (dont Ghislain me fit découvrir *Quarante ans de propagande anarchiste*[2], sont de peu d'utilité pour penser le nihilisme d'Internet ou la dématérialisation des supports, l'usage libéral du génie génétique ou les enjeux politiques de la conquête spatiale.

J'avais envie de mener une vie de gauche, avec les vertus *ad hoc*, mais sans m'aliéner à un parti plus qu'à

---
1. 1840.
2. Flammarion, 1994.

*Le miroir aux alouettes*

un autre. Depuis 1974, je n'ai jamais voté à droite, surtout en mai 2002 quand j'estimais que ceux qui avaient désespéré la gauche depuis presque vingt ans avaient, *eux,* le devoir de voter pour Chirac qui défendait si souvent les mêmes idées que cette gauche qui avait failli.

Ma gauche, c'était, c'est et ce sera toujours celle de Pierre Billaux, d'Émile Legris et de Marcelle Henri : la résistance à toutes les formes d'oppression et le combat réel pour les vrais droits de l'homme du premier, l'action culturelle et sociale concrète avec la générosité active du deuxième, le combat contre les injustices et la confiance en l'action syndicale de la troisième. La gauche des petits et des sans-grade, des oubliés et des victimes du libéralisme, la gauche des gens de peu et des modestes qui n'ont pas la parole, la gauche des chômeurs et des travailleurs, des précaires et des sans-droits, des ouvriers et des employés, la gauche des gens sans lettres et sans culture, sans manières et sans bon goût.

Cette gauche-là, est-elle d'un parti ? Sûrement pas, surtout pas, elle est au-delà de tous les partis : c'est celle de gens qui, parfois, votent à droite sans savoir qu'ils pratiquent des vertus de gauche, alors que tant de gens se croient de gauche parce qu'ils votent à gauche tout en menant une vie de droite – égocentrée, jamais partageuse, thésaurisante, étroite, bornée, rétrécie, calculatrice, familialiste, centrée sur leur petit confort bourgeois, focalisée sur leurs petits objets, leurs petites choses, leurs petites maisons, leurs petits jardins, leurs petites voitures, leurs petites grosses télés.

## Introduction

J'ai toujours voté à gauche; mais je n'ai jamais cru qu'il suffise de déposer un bulletin dans une urne pour disposer *de facto* d'une épaisseur existentielle : on est de gauche par ce que l'on fait, pas par ce que l'on dit. Sûrement pas par ce que l'on vote.

J'ai cru au vote; je n'y crois plus. En mai 1981, je vote au premier tour pour Huguette Bouchardeau, la candidate du PSU, le Parti socialiste unifié. C'est ma première présidentielle. Par discipline républicaine (comme on disait alors pour exiger que les partis à la gauche du PS votent pour le candidat socialiste, ce que le PS faisait plus rarement quand arrivait en tête un plus à gauche que lui...), j'ai voté Mitterrand au second tour. Mais Mitterrand avait alors un programme de gauche et il n'y eut aucun déshonneur à voter pour l'amélioration de la condition des plus modestes, pour les droits des femmes, pour la réduction des dépenses militaires, pour une refondation sociale du droit du travail, pour l'abolition de la peine de mort, pour la réduction du temps de travail hebdomadaire, pour la cinquième semaine de congés payés, pour la retraite à soixante ans.

1988. Sept ans plus tard, échaudé par Mitterrand converti au libéralisme, je suis toujours convaincu de la nécessité de voter, mais à reculons pour le second tour. Au premier, je vote Pierre Juquin qui était l'avenir du PCF si le parti avait désiré un avenir; mais tel ne fut pas le cas. Le parti a préféré consacrer son avenir à entrer le plus vite possible dans le passé. Juquin aussi. Lui qui fut une chance pour un PCF déstalinisé a fini chez les Verts. Législatives à gauche : premier tour de conviction ; second de discipline républicaine. Gueule de bois assurée.

1995 : je vote deux fois Lionel Jospin. À la demande de sa sœur, Noëlle Châtelet, l'épouse du philosophe François Châtelet dont j'avais aimé la *Chronique des idées perdues*[1], je fais même partie, et ils ne furent pas nombreux, de ceux qui figurent sur son comité de soutien au premier tour. Le succès venant, courant au secours de la victoire, il y eut pléthore au second. Je ne regrette pas mon soutien. L'homme est honnête, droit, rigoureux, juste, direct, sincère. Il refuse la démagogie, l'exposition de sa vie privée, la surenchère électorale. Législatives à gauche. Jospin perd. La France aurait eu une autre allure avec un septennat Jospin plutôt qu'avec celui, affairiste, miteux, calamiteux, d'un Chirac démagogue et jouisseur du pouvoir, hier justiciable passant au travers des gouttes, aujourd'hui, icône écocompatible.

2002 : j'hésite avec Chevènement, mais je vote Besancenot. Non pas pour le candidat de la Ligue communiste révolutionnaire, mais pour le jeune homme qui promet un rassemblement de toute la gauche antilibérale, ma famille politique : altermondialiste, féministe, mouvementiste, antinucléaire, écologiste et, surtout, libertaire. Je préfère le Girondin issu de Trotski au Jacobin venu de la mitterrandie. Dans *Libération* daté du 7 janvier 2005, un journal que je lisais encore en y portant crédit, il avait publié une page d'éloge de Louise Michel sous le titre « Louise Michel, rebelle éternelle ».

---

1. Stock, 1977.

*Introduction*

Besancenot appelait les libertaires à nourrir son rassemblement de gauche antilibérale. Je trouvais le projet intéressant et à soutenir. En fait, il voulait, comme souvent dans la gauche antilibérale, réunir, mais sous son seul nom... Plutôt seul et premier de son parti avec 2 % que réuni avec ses compagnons, mais second, avec une dynamique tendant vers les 10 % et susceptible d'infléchir la dérive libérale du PS... Je fis la même erreur avec José Bové qui, lui aussi, a feint de travailler au rassemblement de cette même gauche divisée avant d'y aller seul – et de finir cacique du Parlement européen, insoucieux de sa trace carbone aéronautique ! Nous nous saluons si souvent à l'aéroport de Lyon...

Un temps, avant qu'il ne devienne candidat du Front de gauche et qu'il ne révèle sa véritable nature, j'avais aussi cru pouvoir soutenir Jean-Luc Mélenchon aux présidentielles – bien qu'il fût et demeure un mitterrandien impénitent, qu'il se soit bien arrangé de maroquins socialistes pendant des années, qu'il ait voté « Oui » à Maastricht, et qu'il ait bien vécu en sénateur du Parti socialiste, le parti des pédalos, pendant presque vingt ans... Au cours d'un déjeuner, nous avions parlé de Charlotte Corday et j'avais alors mesuré que sa culture sur la Révolution française relevait uniquement des deux ou trois livres de l'historiographie communiste, Mathiez et Soboul, et rien d'autre. Ce qui est peu. Et fautif. Mais l'investiture Front de gauche lui a monté à la tête. Désormais, il compulse les œuvres complètes de Robespierre avant de préparer chacun de ses discours !

La guillotine, réelle ou symbolique, ne saurait être un horizon libertaire.

Au deuxième tour de 2002, Jospin est exclu de la course. Il reste Chirac et Le Pen. Cette fois-ci, j'ai voté blanc et, *pour agir à gauche*, j'ai démissionné de l'Éducation nationale, renoncé à un salaire et créé l'université populaire de Caen en octobre de la même année dans le but clairement exposé de combattre les idées du Front national. Un texte paru dans le *Nouvel Observateur* commandé par François Armanet en témoigne. Je luttais ainsi contre ce que Christophe Guilluy a nommé depuis « l'insécurité culturelle ».

Qu'ont fait ceux qui, à l'époque, criaient « le fascisme ne passera pas », avant de voter massivement pour Chirac, en croyant que cela suffisait pour lutter contre le FN ? *Qu'ont-ils fait ?* Je pose la question. Chirac a été élu avec leurs voix. Mais de quoi a pu se plaindre la gauche ? À peu de chose près, il a fait leur politique libérale et européenne.

2007 : pas question de voter Besancenot qui a montré que son rassemblement était un effet d'annonce et de boutique. Ce qu'il fit ? Repeindre la vitrine, mais garder les mêmes objets dans l'échoppe. En 2009, le NPA, le Nouveau parti anticapitaliste, a remplacé la Ligue communiste révolutionnaire ; il a juste changé de symboles et troqué la faucille et le marteau communistes pour un mégaphone médiatique. L'enthousiasme du départ est vite retombé comme un soufflet. Des dizaines de milliers de militants ont quitté le navire ; les électeurs aussi.

Pas question pour autant de voter Ségolène Royal qui était prête à tout pour être élue et qui fit savoir que

*Introduction*

François Bayrou pourrait être son Premier ministre ! Si certains croient encore qu'ils sont toujours de gauche en votant pour ceux qui souhaitent une alliance avec Bayrou qui fut de tous les gouvernements de droite, qu'ils le croient... Mais non merci pour moi. Blanc au premier tour ; blanc au second. Sarkozy est élu. Le soir de son échec, Ségolène s'écrie en haut du bâtiment du PS : « Je vous promets d'autres victoires... » Des promesses comme celles-ci, en effet, la gauche les réalise !

En 2012, moi qui n'avais pas voté pour Ségolène Royal, je n'allais pas choisir Hollande dont le programme était le même : « Élisez-moi, moi ! » Pour autant, fallait-il encore voter, sachant que chaque consultation se révèle *in fine* sans mystère : c'est toujours un libéral qui se trouve élu. Un libéral de droite ou un libéral de gauche, mais un libéral tout de même. L'excipient change de couleur, mais le suppositoire reste identique. Se déplacer pour voter blanc ne sert désormais plus à rien.

Voter entre deux candidats que séparent des programmes vraiment très différents, quand l'un ou l'autre peuvent être réellement élus, voilà qui fait sens : Giscard et Mitterrand, en 1974, sur le papier, ça n'est pas du tout la même chose. À la fin du mandat de l'un et des mandats de l'autre, l'histoire jugera pour savoir lequel aura été le plus progressiste eu égard à son temps : sûrement pas celui qu'on croit.

J'entends les remarques et les reproches : « Et si tout le monde faisait comme vous ? » D'abord, c'est très improbable ; ensuite, j'ai la faiblesse de croire que, peut-être, au-delà de m'imiter pour l'abstention, ils pourraient m'imiter aussi pour le reste et se proposer de mener une vie de gauche. Auquel cas, les choses changeraient vraiment : on verrait alors des gens faire là où ils sont ce que je fais avec l'Université populaire de Caen et l'Université populaire du goût : donner du temps gratuitement, partager bénévolement ce dont on dispose, par exemple son savoir, créer des occasions de fraternité concrète, voire de solidarité tangible comme ce fut le cas à l'UP du goût installée dans un jardin ouvrier d'Argentan.

On (me) dit aussi : « Certains se sont battus et sont morts pour que nous ayons le droit de vote, on n'a pas le droit de ne pas voter, c'est insulter leur mémoire. » D'abord je ne suis pas sûr que ceux qui se sont battus pendant la Révolution française l'aient fait pour les électeurs d'aujourd'hui ! Ils le faisaient pour eux, ici et maintenant. Ensuite, s'ils se sont battus, je ne sache pas qu'aucun d'entre eux soit mort explicitement pour cette cause. Qu'on me cite les noms de ces héros ectoplasmiques ! Enfin, le droit de vote pendant la Révolution française fut censitaire et a concerné très peu de gens : ni les femmes, ni les pauvres, ni les mendiants, ni les cheminots, ni les travailleurs, sauf une période qui intégrait tous les hommes, et ce entre le 11 août 1792 et la Constitution de l'an III en 1795. Mais ce fut pendant la Terreur et les gens ont très peu voté – à peu près 10 % de suffrages exprimés.

On (me) dit également : « Ne pas voter, c'est faire le jeu de la droite » ! Aujourd'hui : de l'extrême droite bien sûr. Je me suis toujours demandé par quelle

## Introduction

étrange arithmétique ne pas voter pouvait faire le jeu de tel ou tel sur lesquels des suffrages s'expriment! Sauf à croire que celui qui s'abstient est toujours de gauche, ce qui est une vue de l'esprit, et que tous les gens de droite votent toujours, ce qui est aussi une sottise, ne pas voter fait juste le jeu de l'abstention.

Je crois que ne pas voter est un devoir quand ceux qui se présentent à nos suffrages se moquent d'honorer les promesses qu'ils font pour parvenir au pouvoir. Ça n'est pas le vote qui devrait être obligatoire, mais le respect de ses engagements de la part des élus.

À défaut, le mandat impératif s'impose. Dans ce cas de figure, l'élection désigne un élu qui n'a pas des droits mais des devoirs : en l'occurrence celui de respecter les engagements au nom desquels il a obtenu ses suffrages. S'il manque à sa parole, alors il est destitué *en cours d'exercice* par l'assemblée lui ayant confié son mandat. C'est donc l'électeur qui contrôle son élu et non l'élu qui enfume son électeur.

Sans mon vote, qui m'aurait fait solidaire de ses choix, Hollande est donc au pouvoir depuis le 15 mai 2012 : le chômage devait baisser, il a augmenté ; la sécurité devait être rétablie, le terrorisme fait désormais la loi ; la fonction présidentielle devait être restaurée, la vie privée du chef de l'État exposée dans les tabloïds l'abîme ; la langue française devait être respectée, il la massacre régulièrement ; la finance devait être son adversaire, les financiers sont devenus ses amis ; la TVA devait ne pas augmenter, il l'a augmentée ; Merkel allait voir ce qu'elle allait voir, Hollande est rentré

*Le miroir aux alouettes*

d'Allemagne piteux et minable ; il devait retirer tous les soldats d'Afghanistan, ils y demeurent ; il devait interdire le cumul des mandats, mais pas à tous les élus ; il obtient avec peine, et en montant les Français les uns contre les autres, une loi sur le mariage homosexuel, mais il renvoie à la liberté de conscience des maires pour la respecter, ou non ; il parle de déontologie, mais tolère, tant que ça ne se sait pas, que son ministre du Budget fraude le fisc avec un compte en Suisse ; il expulse Leonarda, une Rom sans-papier, mais lui fait savoir qu'elle peut revenir ; il promet de sauver Florange, mais les hauts-fourneaux ferment ; il disait être un homme de gauche, on apprend que dans l'alcôve il se moque des « sans-dents » ; il prévoit d'intervenir militairement en Syrie, il n'intervient pas ; il menace de bombarder si Bachar utilise les armes chimiques, Bachar utilise les armes chimiques, il ne fait rien ; il devait défendre les droits de l'homme, il entretient d'excellentes relations avec le Qatar et l'Arabie Saoudite ; il s'engage à pénaliser la négation du génocide arménien par les Turcs, il n'en fait rien, au lieu de cela, il remet en selle le processus d'entrée de la Turquie en Europe ; il avait annoncé une loi sur l'euthanasie, il n'en est rien ; Poutine était le diable auquel il ne fallait pas vendre nos bateaux, il est celui avec lequel l'armée française collabore désormais contre l'État islamique ; etc.

Est-ce être de gauche que d'épouser tous ces reniements ? Ou est-ce être de gauche de les dénoncer et de n'y pas consentir ? Quand l'attentat islamiste a lieu le 7 janvier 2015 contre *Charlie Hebdo*, François Hollande quitte tout séance tenante et se fait accompagner sur les lieux par... Gaspard Gantzer, son conseiller en communication, un énarque strauss-khanien. Est-ce de gauche de choisir dans cette circonstance un communicant plutôt que le chef de l'état-major, le patron des services secrets, le directeur de la police ? Est-ce de gauche de penser plus à son image et à sa réélection qu'à celle de la France et de son destin ?

J'ai déjà écrit que Hollande est un *Machiavel souriant*. Il a passé sa vie à songer à la présidentielle ; il est devenu président de la République ; il fera tout pour s'y maintenir, y compris le moins honorable.

Avant le 13 novembre, s'il fallait en croire la gauche mondaine et parisienne, quiconque accrochait un drapeau français à sa fenêtre était un électeur de Marine Le Pen ; quiconque disait qu'à l'école on devrait apprendre à lire, écrire, compter était un néoréac ; quiconque souhaitait qu'on apprenne et qu'on chante la *Marseillaise* en primaire était un pétainiste ; quiconque envisageait le retour de leçons de morale dans ces mêmes écoles était un vichyste. Jean-Pierre Chevènement fut traité de tous les noms, et ce depuis des années, pour avoir souhaité l'application de ces règles républicaines.

Après le 13 novembre, s'il faut en croire cette même gauche mondaine et parisienne, quiconque n'accroche pas un drapeau français à sa fenêtre est un mauvais Français ; quiconque ne dit pas qu'à l'école on doit apprendre à lire, écrire, compter est un traître à la patrie ; quiconque ne souhaite pas qu'on apprenne et qu'on chante la *Marseillaise* est un ennemi de la nation ;

quiconque n'envisage pas le retour de leçons de morale dans ces mêmes écoles est un collabo. Le pauvre Jean-Pierre Chevènement doit avoir les oreilles qui sifflent...

Être de gauche, c'était donc quoi ? C'est donc quoi ? Ce sera donc quoi, demain ? Et après-demain ? Drapeau ou pas drapeau ? École républicaine ou pas école ? *Marseillaise* ou pas *Marseillaise* ? Leçons de morale ou pas leçons de morale ? Fromage mitterrandien ou dessert frontiste ?

Jadis, le Parti socialiste, c'était la rupture avec le capitalisme – qu'on se souvienne de la voix cassée de Mitterrand au Congrès d'Épinay en 1971 : « Celui qui n'accepte pas la rupture avec l'ordre établi, avec la société capitaliste, celui-là, il ne peut pas être adhérent du Parti socialiste. » Cochon qui s'en dédit...

En présence de Jean-Pierre Elkabbach, déjà, le même Mitterrand dit le 25 juin 1973 sur les trois chaînes en même temps : « La démarche du Parti socialiste doit être comprise comme révolutionnaire dans la mesure où le Parti socialiste entend casser les structures du grand capitalisme. » En 1981, ce discours est toujours d'actualité.

Le 19 février 1983, François Mitterrand dit à Jacques Attali qui le rapporte dans *Verbatim*[1] : « Je suis partagé entre deux ambitions : celle de la construction de l'Europe et celle de la justice sociale. Le Système monétaire européen est nécessaire pour réussir la première, et limite ma liberté pour la seconde. » On le sait, il ne choisira pas la justice sociale...

---

1. Fayard, 1993.

*Introduction*

Aujourd'hui, le socialisme, c'est Hollande et Valls. Valls, c'est le prototype du Rastignac postmoderne : rocardien sous Rocard Premier ministre, jospinien sous Jospin Premier ministre, strauss-khanien sous Strauss-Kahn, noniste lors du « Non » de 2005, votant tout de même pour le traité de Lisbonne en 2008, royaliste sous Royal, vallsiste sous lui-même, avant de devenir hollandais sous Hollande. Pour un jeune quinquagénaire, le trajet ne manque pas de zigzags ! Cet homme n'a qu'une seule fidélité : lui-même. Ce qui en fait un mitterrandien emblématique !

C'est aussi l'homme jadis minoritaire de l'aile droite du PS, l'homme qui trouve caduc le mot « socialiste », l'homme qui dit : « Le Parti socialiste, c'est daté. Ça ne signifie plus rien. Le socialisme, ça a été une merveilleuse idée, une splendide utopie. Mais c'était une utopie inventée contre le capitalisme du XIX$^e$ siècle ! » Valls, c'est l'homme que Sarkozy voulait dans son gouvernement d'ouverture (c'est dire la compatibilité...). Valls, c'est l'homme qui estime hors caméra que sa ville manque de *blancos*, l'homme qui veut en finir avec les 35 heures, l'homme qui diligente Macron à Bercy qui plaît tant à la droite et déplaît tant aux socialistes restés de gauche, l'homme qui n'a rien trouvé à dire quand le PS a craché sur le vote du peuple contre l'Europe libérale au référendum de 2005 en lui administrant la potion par clystère parlementaire conjointement avec l'UMP. Valls, c'était enfin, sans rire, le franc-maçon dont la loge s'appelle : « Ni maîtres, ni dieux » !

Si lui n'a pas contribué à mélanger les genres, à donner à la gauche ses lettres de noblesse de droite, à laisser croire que droite et gauche c'est la même chose, bien que ce soit faux, alors qui ? Qu'est-ce dès lors qu'un socialiste ? Celui qui veut rompre avec le capitalisme – comme Besancenot ? Ou celui qui veut l'Europe libérale et joue la monnaie contre la justice sociale – comme Sarkozy ? Celui qui défend la paix, jadis comme Jaurès, ou celui qui fait la guerre, hier comme Mitterrand et aujourd'hui comme Hollande et Valls ? Celui qui augmente le SMIC, comme en 1981, ou celui de 2015 qui prétend ne pas le pouvoir à cause de la dette, avant, quelques mois plus tard, d'engager des milliards d'euros pour bombarder l'État islamique ? La France est au bord de la faillite, sauf quand il s'agit de nourrir les marchands d'armes. Ils s'étonnent ensuite que leur électorat, trahi et trompé par eux, aille se réfugier dans les bras du FN ? Bêtise ou naïveté ?

Il n'y a pas plus grand fertilisant du FN que le PS au pouvoir. Normal que, dans une logique de dénégation, le PS ne veuille pas qu'on établisse clairement la relation de cause à effet entre leurs traîtrises depuis des décennies et la montée de ce parti qui ne vit que de mécontentements. Quiconque établit un lien de cause à effet entre PS renégat et résultats en hausse du FN est présenté comme faisant le jeu du FN. Je le sais... Dans la cour de récréation, cette topique névrotique est celle du : « C'est celui qui le dit qui y est »...

Les attentats du 13 novembre 2015 ont précipité ce qui restait de gauche socialiste dans la droite, voire dans l'extrême droite – voilà pourquoi il ne manque pas de piquant que ce soit moi qui fasse les frais de la Une de *Libération* quelque temps plus tôt sous prétexte que je ferais le jeu de Marine Le Pen ! Je n'en étais pourtant pas, moi, hier, contrairement à eux aujourd'hui, à sonner le clairon socialiste de Déroulède sur l'école qui doit désormais apprendre le *vivre-ensemble* (!) républicain, sur les trois couleurs du drapeau devenues tendances du moment, sur la *Marseillaise* à chanter partout à pleins poumons, ou sur l'arsenal autoritaire qui s'abat comme une chape de plomb sur la France depuis la fin de l'année 2015.

Ainsi, pourquoi ne pas consacrer sa Une à la députée socialiste de Paris Sandrine Mazetier, directrice en communication dans le civil, vice-présidente de l'Assemblée nationale, et aux vingt députés, socialistes eux aussi, qui ont proposé avec elle en novembre 2015 un projet de loi à l'Assemblée nationale qui permette « le contrôle de la presse et des publications de toute nature ainsi que celui des émissions radiophoniques, des projections cinématographiques et des représentations théâtrales » ? Pour quelle raison ? La voici : « Au moment des attentats de janvier 2015, des manquements ont été constatés dans le traitement des attentats dans différentes publications, manquements qui ont pu mettre en danger nos concitoyens et les forces de l'ordre. » Voici donc des *socialistes* qui estiment qu'il faut imposer la censure aux journaux, aux radios, à Internet, aux films, aux pièces de théâtre, sous prétexte de *manquements*, doux euphémisme, constatés par cette gauche kaki ! Qui fait le jeu du FN ?

Voici un PS qui ose encore se présenter comme la gauche et qui annonce qu'il n'y a plus qu'elle pour lutter contre deux menaces : le FN et Daesh – assimilés pour l'occasion. Chacun sait, en effet, que le programme de Marine Le Pen prévoit des décapitations postées sur Internet ! Si l'on n'est pas avec cette gauche socialiste, on est contre elle, on est donc pour Marine Le Pen et par conséquent pour le calife Al Baghdadi, c'est-à-dire pour la barbarie, pour la sauvagerie, pour l'inhumanité, etc. Mais qui voudrait être pour la barbarie ? Personne. Donc il faut être avec eux – sous peine de mort médiatique. L'électroencéphalogramme plat est le programme socialiste en matière de réflexion.

Dès lors, tout ce que la droite n'avait pas osé proposer, mais que le FN faisait sien dans ses professions de foi, devient la politique du gouvernement socialiste sans qu'on s'émeuve plus que ça à gauche : état d'urgence, violation de la liberté de réunion et d'association, restauration de l'espace Schengen, suspension du respect de la Convention européenne des droits de l'homme, déchéance de la nationalité pour les binationaux coupables de terrorisme, blocage de sites Internet par l'exécutif sans autorisation judiciaire préalable, censure des médias, mise sur écoute arbitraire, pose clandestine de mouchards GPS sur les voitures, surveillance des messageries, interception des conversations, saisie directe d'informations auprès des fournisseurs d'accès, annonce de l'état d'urgence jusqu'à la disparition de l'État islamique, etc. Quand c'était le projet de Marine Le Pen, ça n'était pas le mien ; depuis que c'est devenu celui de Hollande, ça n'est toujours pas le mien. Mais c'est celui des socialistes qui luttent contre le FN – avec ses armes ! Étonnant, non ?

*Introduction*

Hollande et Valls savent que les Français votent massivement pour Marine Le Pen. Dès lors, pour dégonfler son électorat, ils mettent en pratique ses idées. La droite traditionnelle se trouve ainsi privée de sa stratégie présidentielle qui était la même. Hollande peut donc ainsi, tacticien habile, espérer se retrouver au deuxième tour de 2017 en face de Marine Le Pen qui, elle, s'y trouvera : c'est sa seule chance d'être réélu. C'est suicidaire pour la France ? Pas grave, puisque c'est salutaire pour Hollande.

Être de gauche, ce serait donc adhérer aux idées de Le Pen quand elles sont mises en œuvre par Hollande ? Être de gauche, c'est soutenir cette débandade idéologique ? La haine du FN présenté comme un parti antirépublicain et, dans le même temps, la mise en pratique de son programme antirépublicain, sous couvert de sauver la République, voilà ce que c'est qu'être de gauche ? Le terrorisme a bon dos. D'autant que l'avenir dira combien ces décisions, tout autant que celle d'intensifier les bombardements de l'État islamique, n'empêcheront pas d'autres attentats. Hélas.

Pour ma part, je reste de gauche, fidèle à mes engagements d'adolescent. Être fidèle à une gauche devenue infidèle à elle-même, c'est être infidèle. Je souscris toujours à ce qui faisait le programme du socialisme quand il ne s'était pas encore vendu aux marchés et à l'Europe libérale. Ma gauche est antilibérale et non marxiste, proudhonienne ai-je dit. Donc, depuis 1983, antisocialiste – si tant est que le socialisme soit ce qui se présente comme tel au suffrage des électeurs. Ma gauche oscille entre des moments de soutien ou de vote sur un nom, des moments de vote blanc, et, pour l'heure, un moment d'abstention.

Le temps passant, l'expérience venue, trente-six années après mon premier vote, je me range dans le camp le plus nombreux : celui des abstentionnistes – 50,09 % des voix lors des dernières consultations régionales. Avec les électeurs du FN, presque 30 millions de Français sur 45 millions d'inscrits, quelles que soient leurs raisons, disent ainsi que le système ne leur convient pas ou plus, alors que la droite et la gauche totalisent ensemble 14 millions de voix, soit 7 pour chacune. C'est donc une minorité qui impose sa loi à une majorité. Ce régime si peu soucieux d'une parole majoritaire jamais prise en compte est-il encore une démocratie ? Je réponds clairement : non.

Quand, en 1988, j'écrivais mon premier livre, *Georges Palante. Essai sur un nietzschéen de gauche*[1], j'avais manifesté de l'intérêt pour son concept d'*athéisme social*. Que recouvrait-il ? « L'athéisme social » apparaît dans la conclusion de sa thèse refusée en Sorbonne *Les Antinomies entre l'individu et la société*[2]. Dans *Combat pour l'individu*[3], Palante s'oppose à l'esprit de corps, à l'esprit de groupe, à l'esprit corporatiste, à l'esprit administratif, à l'esprit de ligue, à l'esprit de parti, à l'esprit de caste, à l'esprit mondain. Il démonte le mensonge de groupe et les dogmatismes sociaux. Il analyse la construction des fictions utiles au

---

1. Folle Avoine, 1989.
2. Alcan, 1912.
3. Alcan, 1904.

groupe pour être et pour durer – une analyse intéressante pour voir comment droite et gauche libérales constituent un FN à leur main afin de pouvoir se partager le pouvoir. L'athéisme social nomme l'incroyance à ces mensonges de groupe.

Cette fiction suppose un mysticisme de groupe. « À ce mysticisme social, l'individualisme [...] oppose son athéisme social, son impiété sociologique, son irrespect des idoles sociales, irrespect fondé sur un sentiment profond de l'individualité, sur la volonté de sauvegarder les valeurs individuelles (énergie, indépendance, orgueil et noblesse personnels) et de se défendre contre les prétentions de plus en plus envahissantes de la morale de groupe. » *Se défendre contre les prétentions de plus en plus envahissantes de la morale de groupe* – voilà désormais mon programme.

Georges Palante s'est suicidé d'une balle dans la bouche, devant son miroir, le 5 août 1925. Sur sa tombe, dans le petite cimetière d'Hillion, dans l'anse d'Yffiniac, non loin de Saint-Brieuc, on peut lire cette phrase extraite de *Combat pour l'individu*[1] : « L'individu est la mesure idéale de toute chose. » Avec Louis Guilloux, l'auteur de *La Maison du peuple*[2], et Jean Grenier, l'auteur « an-archiste » de *Essai sur l'esprit d'orthodoxie*[3], Albert Camus, qui le cite dans *L'Homme révolté*[4], s'est recueilli sur sa tombe. Ce *Miroir aux alouettes* est un exercice de recueillement du même type.

---

1. 1904.
2. Grasset, 1927.
3. Gallimard, 1938.
4. Gallimard, 1951.

# 1

# Adolf Hitler n'est pas mort

## *La déréliction sémantique*

À un héros des *Lettres persanes* d'aujourd'hui, il pourrait sembler qu'Adolf Hitler ait gagné la Deuxième Guerre mondiale et qu'il soit toujours bien vivant, tant sa présence est grande dans nombre de cerveaux français. Il n'y a pas en effet une journée où la pensée française ne se trouve empêchée par une clique de journalistes, d'éditocrates, de patrons de presse, qui renvoient systématiquement à cette époque : Hitler et la Shoah, le nazisme et les camps de la mort, Pétain et Vichy, la Révolution nationale et la Milice, Auschwitz et *Nuit et Brouillard*...

Il en va là d'une subtile et invisible modalité du négationnisme, y compris et surtout chez ceux-là mêmes qui sont pourtant prompts à le traquer chez autrui. Car, l'histoire ayant eu lieu, on devrait savoir ce qu'a été Hitler, ce que fut sa politique, ce qu'ont été les chambres à gaz, à quoi ressemble une politique d'extermination européenne. Ces choses-là ne cessent d'être montrées à longueur de journée dans les médias, enseignées dans les écoles, fictionnées sur grand écran ou dans des romans à succès, transformées et statufiées en *Mal radical* de l'Occident.

*Le miroir aux alouettes*

Certes, l'histoire est devenue réactionnaire du simple fait qu'elle exige du travail et de la mémoire, de l'intelligence et de la raison, de l'investissement et du temps, dans notre époque qui ne célèbre plus que le caprice et l'instant, le sarcasme et l'improvisation, l'éphémère et le superficiel.

Mais, tout de même, rappelons-le : Hitler, c'est la planification et la déportation systématisée de millions de gens dans toute l'Europe, des Juifs et des Tziganes, des opposants et des communistes, des francs-maçons et des Témoins de Jéhovah, des homosexuels et des résistants, des handicapés physiques et mentaux, des intellectuels et des artistes d'un prétendu art dégénéré... Ce sont les autodafés des livres du génie occidental. Ce sont des expériences menées par des médecins psychopathes sur les enfants. Ce sont également des comportements sadiques devenus valeurs d'État. Ce sont des millions de morts induits par l'impérialisme nazi sur une Europe transformée en un immense champ de bataille. C'est une Deuxième Guerre mondiale qui a fait 8 millions de morts chez les Allemands et 26 chez les Soviétiques.

Mettre en perspective un discours, une parole, un propos tenus par une personnalité politique ou par un intellectuel avec Hitler ou le nazisme devrait être poursuivi comme complicité de négationnisme, eu égard à la mémoire des victimes du nazisme. Au lieu de cela, son instrumentalisation se porte comme un charme et prend une place qui interdit absolument le débat.

Qui voudrait débattre avec un *national-socialiste* qualifié comme tel parce qu'il a voté non au référendum de

2005 sur le traité constitutionnel européen ? – référendum au demeurant gagné par le peuple et tout de suite jeté à la poubelle par les partis de droite et de gauche qui ont joué le réflexe tribal et partidaire contre l'expression démocratique et populaire.

Cette instrumentalisation du nazisme se double d'une instrumentalisation de la Résistance. La Résistance française attend son penseur : il faut en finir avec le mythe gaulliste d'une France résistante, elle ne le fut qu'à la marge et tardivement, tout autant qu'avec le mythe antigaulliste d'une France vichyste. En fait, la France fut sans opinion et sous-informée en dehors d'une petite poignée de gens avisés, voire de gens directement concernés parce que Juifs ou, en 1942, requis par le STO.

Le PCF fut collaborationniste le temps que dura le pacte germano-soviétique : du 23 août 1939 au 22 juin 1941. Il cessa de l'être quand Hitler mit fin unilatéralement à son alliance avec Staline en envahissant l'Union soviétique auprès de laquelle le Parti communiste français prenait ses ordres. La réécriture communiste de l'histoire après-guerre a fait des dégâts ; elle en fait encore aujourd'hui, car elle dure. Qu'on songe aux résistants communistes avant même l'appel du 18 Juin, aux exhibitions après-guerre de tracts falsifiés et antidatés appelant à la résistance, à la mythologie de Guy Môquet arrêté pour avoir distribué des tracts appelant les militants communistes et les syndicalistes à collaborer avec le régime d'occupation, mais désigné comme résistant dès 1939, à la revendication communiste de

75 000 fusillés, alors qu'il y en eut au total 25 000, dont tous n'étaient pas communistes, au Parti de la Résistance quand son patron Maurice Thorez s'était mis à l'abri en URSS, etc.

Cette mythologie d'après-guerre a été créée par les communistes avec la bénédiction coupable d'un général de Gaulle qui avait pour tâche de remettre la France debout et n'avait pas envie de faire de l'histoire en montrant que le PCF n'avait été résistant qu'à partir du milieu de l'année 1941. Pour gouverner la France, il lui était inutile de questionner le passé des forces vives de la nation. Car il lui aurait fallu jeter l'anathème sur un grand nombre de sommités appartenant à des institutions : l'Académie française et l'Université, la police et le journalisme, l'édition et le cinéma, le show-biz et le clergé catholique, la Haute Administration et la banque, l'industrie et le commerce. Il était plus facile, pour gouverner, de créer le mythe gaulliste de la France majoritairement résistante et d'une frange infime de collaborateurs prétendument jugés et châtiés avec l'Épuration.

La libération de Paris juste terminée, tous ceux qui avaient trempé dans la collaboration se refaisaient une santé en exhibant une attestation de résistance établie par un aussi peu résistant que lui. Ainsi, Gaston Gallimard mouillé jusqu'au cou dans l'intelligence avec l'ennemi, ayant confié la direction de la NRF à Drieu la Rochelle, atteste que Sartre était résistant, nonobstant ses articles écrits dans *Comœdia* jusqu'en 1943, une revue collaborationniste, oubliant son piston de Simone de Beauvoir auprès du directeur de Radio-

Vichy dans laquelle elle travaillera jusqu'au 10 avril 1944... Sartre fit ensuite partie du Comité d'épuration qui distribua les bons points sur les comportements des intellectuels pendant l'Occupation !

Ces mensonges ont été rendus possibles grâce à un usage immodéré de la Résistance. Tout le monde était résistant, ou l'avait été, peu ou prou. Et ceux qui ne l'avaient pas été se trouvaient soutenus par d'autres qui, bien sûr, ne l'avaient pas plus été, mais qui trouvaient dans cet échange de rhubarbe et de séné de quoi se refaire une santé. Après-guerre, il n'y eut que des intellectuels résistants ! Il n'y eut pourtant pas beaucoup de René Char ou d'Albert Camus, de Jean Guéhenno et de Jean Gabin, de Vercors et de Georges Politzer.

Cette légèreté dans l'usage du terme *résistant* a duré jusqu'à aujourd'hui. Quiconque désobéit aux lois promulguées par un État de droit se présente désormais comme un résistant : résistant celui qui fume dans un lieu où la tabagie est interdite ; résistant l'instituteur, pardon : le professeur des écoles, qui refuse d'appliquer une décision ministérielle ; résistant celui qui, après un attentat, sirote une bière à la terrasse d'un café ; résistant bientôt celui qui refusera de payer ses impôts et cachera son argent sur un compte en Suisse.

Là aussi, là encore, il faut faire de l'histoire et en finir avec la mythologie qui permet à tout un chacun de se dire résistant pour tout et rien. La Résistance fut minoritaire : moins d'un pour cent de la population française. Autant que la collaboration...

Tracer une croix de Lorraine à la craie dans une impasse, sans témoins, à 2 heures du matin, n'est un acte de résistance que pour les déjeuners du dimanche en compagnie des arrière-petits-enfants. Pouvoir revendiquer le noble titre de résistant suppose des faits et gestes attestés par d'autres résistants dûment établis.

Ajoutons à cela qu'un résistant risquait sa vie par ses actions et que toute action qui ne met pas en jeu sa propre existence ne saurait valoir le titre de *résistant*. Quand un enseignant réussit à mobiliser Stéphane Hessel sur le plateau des Glières, haut lieu symbolique de la Résistance, parce qu'il a refusé d'appliquer une circulaire signée par Luc Chatel, alors ministre UMP de l'Éducation nationale, et qu'il est sanctionné par une rétrogradation d'échelon, donc une baisse de salaire, respecte-t-il la mémoire des résistants authentiques ? Quand, invité par l'association Citoyens Résistants d'Hier et d'Aujourd'hui, dont il était le président d'honneur, le même Stéphane Hessel accorde son blanc-seing, lui qui fut réellement résistant, à ces prétendus nouveaux résistants, honore-t-il la mémoire de ceux qui sont tombés, les armes à la main, tués par des nazis ou des miliciens ? Je ne le crois pas. Je crois même qu'il ne respectait pas alors leurs cadavres.

D'une part, un résistant met sa vie en jeu. Quiconque ne risque pas son existence dans une cause qu'il épouse est un militant, pas un résistant. D'autre part, un résistant, j'entends un résistant historique, ne tue aucune victime innocente : il n'y a pas d'exemple dans l'histoire de la Résistance française qu'un groupe de partisans ait sciemment décidé d'une action sachant qu'elle occasionnerait la mort de personnes qui ne seraient pas coupables. N'étaient visés que ceux qui relevaient de l'armée d'occupation ou de collaboration avec l'ennemi.

De même que, si l'on veut pouvoir continuer à penser, il faut éviter de recourir à l'insulte définitive (nazi, vichyste, pétainiste, hitlérien, national-socialiste...) tout autant qu'à l'épithète lustrale de résistant, il faut également ne pas utiliser mal à propos le mot *antisémite*. Un antisémite n'est pas autre chose qu'une personne qui déteste les Juifs et le fait savoir haut et clair par ses faits et gestes, par ses paroles et ses écrits, par ses comportements.

Prouver que Freud, comme je le fis dans *Le Crépuscule d'une idole*[1] avec ses propres citations, pensait : que la psychanalyse ne guérit pas, que Mussolini est un héros de la culture, que le psychanalyste peut dormir pendant la séance parce que les inconscients communiquent, que Freud ne soigne pas les pauvres parce qu'ils ont un bénéfice social à la maladie, qu'il sélectionne une clientèle riche et laisse les démunis aux dispensaires parce qu'il a besoin d'argent, qu'il critique abondamment Marx, le marxisme et le communisme, mais nulle part le fascisme ou le national-socialisme – était-ce être antisémite ? C'était oui, franchement oui pour Élisabeth Roudinesco, présentée comme historienne de la psychanalyse, et pour la quasi-totalité de la presse française, sauf *Lire* et *Le Point*, qui l'accompagnait dans l'inauguration à mon endroit de ce mouvement de passage à tabac généralisé dans les médias.

---

1. Grasset, 2010.

*Le miroir aux alouettes*

C'est ainsi que *Libération* publie un texte de Jean-Luc Nancy, Gérard Bensussan, Alain David, Michel Deguy, « Le symptôme Onfray », pour expliquer que, oui, je suis bien antisémite, et que mon succès immérité, ici dans mes publications, là, à l'Université populaire, ailleurs, dans les médias, ne s'explique que parce que je manifeste l'inconscient français qui est antisémite et justifie la Shoah !

Citer Freud chez ceux qui font profession de freudisme, mais ne l'ont jamais lu, c'était donc être antisémite ; avoir le succès et les tirages qu'un professeur d'université n'a pas, bien qu'il parle juché sur les épaules de Derrida depuis des années, c'est aussi être antisémite. Dès lors, c'est être un compagnon de route de ceux qui ont raflé les familles juives avec leurs enfants pour les envoyer dans des chambres à gaz. Pour avoir juste rappelé que Freud, par exemple, écrivait en mars 1933 à Max Ettington qu'il fallait travailler avec les nazis pour éviter que le freudisme ne disparaisse, je serais antisémite ? Mais pourquoi Élisabeth Roudinesco, qui a orchestré cette campagne contre moi, avait-elle alors écrit dans *Retour sur la question juive*[1] que cette compromission de Freud avec le Troisième Reich se proposait de « favoriser une politique de collaboration [*sic*] avec le nouveau régime » ?

Traiter quelqu'un de *nazi*, le gratifier de l'épithète de *résistant*, en faire pour le salir un *antisémite* sont autant d'occasion de vider ces mots-là de leur sens véritable. La conséquence la plus grave est qu'on ne peut plus

---
1. Albin Michel, 2009.

traiter de nazi quelqu'un qui l'est véritablement, qu'un antisémite avéré ne peut plus être distingué d'une personne ainsi insultée, qu'un enseignant résistant en peau de lapin peut désormais se faire passer pour Jean Moulin en refusant de communiquer ses résultats d'examen au rectorat.

Il en va de même avec la qualification d'*extrême droite*. Le mot a une histoire ; elle ne coïncide pas avec l'usage contemporain, hystérique et politicard du terme. Il y a une histoire de l'extrême droite, des auteurs d'extrême droite, une pensée d'extrême droite, des journaux d'extrême droite. Il en existe encore au moins un, *Rivarol*, qu'on peut lire pour savoir quel signifié recouvre ce signifiant. On peut aussi compulser *Minute* pour s'en convaincre.

Restons-en à l'histoire de France : de l'Action française de Maurras dans les années 30 à Égalité et réconciliation d'Alain Soral aujourd'hui, de l'antidreyfusisme de Barrès à l'annonce faite par Renaud Camus qu'un Français ne peut comprendre Racine qu'en justifiant deux siècles de présence sur le sol français, en passant par le Parti populaire français de Doriot, sans oublier les écrits de Robert Brasillach et de Lucien Rebatet (récemment réédité), ou bien encore les auteurs entrés dans la prestigieuse collection de la Pléiade chez Gallimard, Morand, Drieu la Rochelle et Céline, sans oublier le Vichy de Pétain ou l'Organisation de l'armée secrète (OAS) en Algérie, les divers groupuscules régulièrement dissous et reconstitués, il existe une ligne claire de l'extrême droite. Quelle est-elle ?

*Le miroir aux alouettes*

L'extrême droite ne croit pas aux élections et fustige la représentation démocratique parlementaire ; elle lutte ouvertement et violemment contre les Juifs et les francs-maçons ; elle recourt à des moyens illégaux : la violence des rues, les attentats, les passages à tabac, les milices armées, l'huile de ricin sous Mussolini ; elle s'appuie sur la tradition catholique ; elle veut une France « fille aînée de l'Église » ; elle enseigne la supériorité de la race blanche et, en son temps, elle justifiait le colonialisme, dont celui de l'Algérie ou, plus récemment, le régime sud-africain de l'apartheid ; elle voue un culte à la virilité du chef et affecte une homophobie qui, ici ou là, ne recouvre pas toujours la sociologie de ses grandes figures ; elle assigne les femmes au mariage, à la procréation, à la famille ; elle est hostile au divorce et à l'avortement ; elle défend l'État fort avec à sa tête une figure dictatoriale dont la seule parole dit la loi et ce contre la délibération parlementaire ; elle ne remet pas en question le capitalisme ; elle voue un culte nationaliste et patriotique au drapeau ; elle refuse en bloc la Révolution française et l'art contemporain. En 2004, les renseignements généraux français estimaient que militants et sympathisants d'extrême droite tournaient autour de trois mille personnes...

Chacun conclura que, si l'on s'entend sur cette définition historique, et non idéologique et non partisane, non politicarde et non électoraliste, l'extrême droite recouvre une réalité historique qui ne correspond pas à la réalité hystérique. Pas plus que Jean-Luc Mélenchon n'est d'extrême gauche avec sa gauche radicale, Marine Le Pen n'est d'extrême droite avec sa droite radicale.

Je n'en dirai pas autant de son père, Jean-Marie Le Pen, qui, lui, a été, est, et, jusqu'à son dernier souffle, restera d'extrême droite. Ni même de sa nièce, Marion Maréchal-Le Pen qui n'aime ni le mariage homosexuel, ni le planning familial, ni le programme économique de sa tante.

L'usage incorrect de ces mots, leur abus inconsidéré, leur devenir polémique (l'antisémite) ou hagiographique (le résistant) sont dangereux : en faisant dire n'importe quoi à ces mots, il est devenu impossible de nommer véritablement un certain nombre de choses. Où est l'antisémite véritable là où il est et quand il apparaît ? Ainsi, comment nommer Mahmoud Abbas, actuel président de l'Autorité nationale palestinienne qui a soutenu une thèse niant la réalité des chambres à gaz ? Ou bien quel mot utiliser pour caractériser Ahmadinejad quand il propose de rayer Israël de la carte ? Sinon que dire de Dieudonné quand, sous prétexte d'humour, il rend hommage au négationniste Faurisson ? Et les auteurs de crimes et d'attentats antisémites que sont Mohammed Merha qui tue des enfants juifs dans une école juive, Ozar Hatorah, à Toulouse en mars 2012 ou Amedy Coulibaly dans l'Hyper Cacher de Paris en janvier 2015 ?

Comment qualifier les dessinateurs de presse qui, dans les pays non démocratiques, risquent leur liberté, leur vie et celle de leur famille, en faisant leur travail, si un instituteur estime être résistant quand il s'oppose, sans autre risque que celui d'avoir tous les médias à ses pieds, aux directives d'un ministre de l'ancien président Sarkozy ? Que dire des journalistes russes qui ont payé de leur vie l'opposition à Poutine ? De même avec les femmes féministes des pays du Golfe ?

Quel mot pour nommer ce qu'a fait le Norvégien Anders Breivik en abattant froidement 77 personnes et en blessant 151 autres le 22 juillet 2011, de jeunes garçons et de jeunes filles dont le crime était d'être sociodémocrates ? Quelle expression utilisera-t-on quand, hélas, peut-être un jour funeste, des milices d'extrême droite sortiront cagoulées et armées pour tirer sur des musulmans pendant la prière ou sur toute autre personne au nom de leur idéologie d'extrême droite ?

La déréliction d'une époque s'accompagne de la déréliction du langage. Quand plus rien ne fait sens, pourquoi les mots le feraient-ils, eux et eux seuls ? Le congédiement de l'histoire et des humanités, des belles lettres et de la lecture, de la mémoire et de la rédaction au profit de l'instant médiatique et du livre écrit par un nègre, de la pensée en moins de cent quarante signes et du triomphe numérique des passions tristes couvertes par l'anonymat, tout cela condamne les mots à mort. Plus besoin de signifiants clairs avec des signifiés précis quand triomphe partout le désir de faire de l'audience.

Or, pour l'audience, les passions tristes font merveille : l'insulte et le sarcasme, l'injure et l'invective, l'outrage et l'offense, la raillerie et l'affront, la vexation et l'humiliation suffisent ; pour l'intelligence et le débat, la raison et la pensée, la réflexion et la discussion, il y avait, jadis, les mots et leur sens enseignés. En ce temps-là, le dictionnaire avait un sens.

La déréliction sémantique n'est jamais que l'un des signes du nihilisme de notre époque contre lequel, et pour cause, les mots ne peuvent plus rien. Ils demeurent l'occasion pour le dernier carré de penser encore sur le pont du bateau qui coule.

2

# La philosophie est un sport de combat

*Les mauvaises odeurs de l'arène*

La philosophie est un sport de combat. Certes, on peut la pratiquer en chambre, en solitaire, voire en onaniste. On peut également ne souhaiter qu'une partie fine avec quelques disciples choisis dans la configuration sectaire : le maître et une poignée de disciples. Mais il y a une autre option, celle qui permet de parler au plus grand nombre en estimant que, pourvu qu'on ne fasse pas d'effets de manche rhétoriques et sophistiques, linguistiques et scolastiques, la philosophie s'adresse à tous et non à une élite.

Ce double lignage a une généalogie et une histoire. Sa généalogie ? Un couple : Socrate et Platon. Socrate parle à tout le monde. Sur l'agora, il interpelle aussi bien le charpentier que le poissonnier, le tisserand et le potier, la courtisane et le portefaix. Il invite chacun à philosopher pour son compte, à remettre en cause les lieux communs de son temps, à ne prendre pour vrai que ce qu'il aura dûment examiné après l'avoir passé au crible de son intelligence et de sa raison. Il veut moins des rhéteurs et des sophistes que des individus qui mènent une vie philosophique concrète.

*Le miroir aux alouettes*

Platon n'est pas dans la logique de la philosophie pour tous, la logique exotérique, mais dans la perspective d'un enseignement ésotérique, caché, dissimulé, à destination d'une élite dont on prévoit qu'elle aura partie liée avec l'exercice du pouvoir – soit dans sa pratique directe, le philosophe-roi, soit dans celle du conseil du prince, le roi-philosophe. Dans le premier cas, le philosophe se donne les moyens d'accéder au pouvoir lui-même ; dans le second, il fait de son mieux pour qu'un homme y accède en portant ses idées. Platon peut enseigner une chose et en pratiquer une autre. Son problème n'est pas de mener une vie philosophique, mais de produire le gouvernement qui installe chacun à sa place : le philosophe-roi au sommet, les producteurs à la base, les seconds travaillant pour nourrir les premiers avec, entre deux, la caste des soldats qui empêche les travailleurs de vouloir un jour gouverner.

Socrate invente un lignage : celui des rebelles et des singularités, des individus et des indociles, des récalcitrants et des intempestifs, des amoureux de la liberté et des ennemis du mensonge. Il accouche de Diogène de Sinope le Cynique ; d'Aristippe de Cyrène l'hédoniste ; de l'épicurisme romain de Philodème de Gadara ou de Diogène d'Œnoanda ; des gnostiques licencieux, contemporains des débuts du christianisme pour lesquels le corps est un ami à fêter, Basilide et Carpocrate, Simon et Valentin, Épiphane et Cérinthe, Marc et Nicolas ; des Frères et Sœurs du Libre-Esprit pour lesquels la communauté de tout et de tous instaure le règne de Dieu sur terre, ainsi Amaury de Bène et

Cornelisz d'Anvers, Bentivenga de Gubbio, Walter de Hollande et Jean de Brno, Heilwige de Bratislava et Willem Van Hildervissem. Et de tant d'autres, socialistes et anarchistes, utopistes et sensualistes, athées et matérialistes, utilitaristes et pragmatiques, dont j'ai, de 2002 à 2013, enseigné l'existence dans l'Université populaire que j'ai créée pour leur donner une vie nouvelle et une visibilité contemporaine. Montaigne en fait partie, Nietzsche également, Thoreau ou Owen aussi. Camus, bien sûr...

Platon invente un autre lignage : celui des spiritualistes et des idéalistes, des croyants et des religieux, des mystiques et des curés. Il produit le néoplatonisme de Plotin qui servira tant aux chrétiens pendant dix siècles ; la patristique qui est l'idéologie de l'Église officielle, avec saint Augustin en figure phare ; la scolastique, qui est sa technique, sa méthode, sa sophistique, sa dialectique avec Thomas d'Aquin et tant d'autres ; la prudence de Descartes qui ravage tout, sauf la religion de son roi et de sa nourrice ; le christianisme laïcisé de Kant qui traduit en gros concepts germaniques le lyrisme des Évangiles ; l'idéalisme allemand, dont Hegel, qui rend plus obscur encore le travail de Kant ; le chamanisme viennois du docteur Freud qui invente un inconscient universel et métapsychologique en extrapolant le sien ; la philosophie des professeurs d'université, Kant et Hegel justement, mais aussi, plus tard, la phénoménologie de Husserl et Heidegger. Sartre fait partie de ce lignage évidemment.

Socrate finit comme on sait : condamné à mort par la démocratie – oui, par la démocratie et non par un régime tyrannique... On lui reprochait de ne pas enseigner les dieux auxquels tout le monde sacrifiait et de corrompre la jeunesse. En d'autres termes, il était un athée social. On lui fit boire la ciguë.

Quant à Platon, qui fut dans sa jeunesse comédien et lutteur, ce qu'il n'a cessé d'être en créant dans ses dialogues des adversaires à sa main pour en triompher plus facilement, lui qui a passé son existence à prétendre que la mort était préférable à la vie et à condamner les plaisirs de la chair, il a rendu l'âme dans un repas de noces à l'âge de quatre-vingt-quatre ans. Il inaugurait ainsi la formule qu'adorent nombre de philosophes : « Faites ce que je dis, pas ce que je fais »...

Le lieu de l'enseignement exotérique de Socrate est l'agora, la place publique, le point de rencontre de tout le monde, en plein air. Celui de l'enseignement ésotérique de Platon est un endroit confiné dans l'Académie, son école, où les choses sont dites à une poignée d'élus triés sur le volet, le tout sans laisser de traces.

Faut-il conclure que Socrate et sa parole publique sur l'agora et Platon avec sa parole privée dans son école débouchent vingt-cinq siècles plus tard sur une opposition entre le philosophe qui s'exprime là où sont les gens, tous les gens, et celui qui ne consent à s'exprimer que devant un public d'affidés choisis par ses soins et confinés dans un espace intime ? Je le crois. Même si d'aucuns, souvent des universitaires en mal de reconnaissance médiatique, brouillent les cartes et voudraient le beurre exotérique et l'argent du beurre ésotérique, les foules apportées par la télévision et la secte induite par l'école – au choix : Bernard Pivot et l'École normale supérieure, Franz-Olivier Giesbert et la Sorbonne, Frédéric Taddeï et le Collège de France.

Je m'étais un jour posé cette question : Peut-on philosopher à la télévision ? J'y avais ainsi répondu dans une chronique sur mon blog :

« Philosopher à la télévision est une chose impossible disent ceux qui croient qu'on ne philosophe que dans les instances officielles, fussent-elles présentées comme alternatives. On ne philosopherait donc que sur une estrade, dans un amphithéâtre, avec des étudiants silencieux, mutiques, adoubé par le salaire de fonctionnaire ? On ne philosopherait donc qu'en déversant la parole du maître sur les disciples confits en dévotion, comme la langue de feu descend du ciel pour signifier la grâce des disciples ? On ne philosopherait donc que dans le monologue du cours magistral jamais interrompu ? La philosophie serait donc un plaisir solitaire exercé en présence d'un public transformé en voyeur sans aucune possibilité d'échanger avec ses auditeurs ?

« Qu'auraient pensé de cette étrange prise de pouvoir de la philosophie par les professeurs un Socrate, un Diogène ou un Aristippe ? Le premier aurait probablement souri et lancé une flèche ironique, le deuxième aurait possiblement lâché un pet, le troisième vidé un cratère de bon vin à la santé de la plus jolie fille de l'assemblée !

« Les professeurs de philosophie n'aiment pas la télévision, mais ils s'y précipitent pourtant tous quand on les y invite : Jankélévitch chez Dumayet, Beauvoir chez J.-L. Servan-Schreiber, Foucault chez Ockrent, Serres et Girard, Boutang et Schérer chez Pivot, Bourdieu chez Cavada, Guattari chez Spire, Levinas chez Field, Ricœur chez Vajda, Lyotard chez Cazeneuve, Derrida ou Lévi-Strauss chez Giesbert, Rosset chez Polac, Desanti chez Adler, Morin chez Chapier, Aron chez Sinclair, Badiou chez Taddeï, Finkielkraut chez Ardisson. Ces professeurs salariés à la Sorbonne ou au Collège de France, à l'École pratique des hautes études ou au Collège international de philosophie, à l'Université américaine de Stanford ou à l'École normale supérieure, à Polytechnique ou au Centre national de la recherche scientifique, ne refusent pas de venir sur des plateaux de télévision pour y exposer leurs thèses ou débattre, ou les deux.

« Qu'on me permette ici un souvenir : j'ai eu une longue correspondance avec Lucien Jerphagnon qui fut jadis mon vieux maître en philosophie antique lorsque je faisais mes études à l'université de Caen. Lorsque Bernard Pivot m'invita pour la première fois, je lui en fis part. Il me répondit : "Mon pauvre Onfray ! Je préfère pour vous que pour moi..." Il n'avait pas encore eu l'occasion de refuser, n'ayant pas encore été invité ; ce qu'il ne déclina pas, bien sûr, quand il fut convié ! On le vit alors rayonner, briller, séduire et plaire devant les caméras et je fus le plus heureux des hommes à voir qu'il pouvait ainsi élargir son auditoire, car il le méritait.

« La télévision, il est donc de bon ton de ne jamais l'aimer, mais de toujours la regarder ; de prétendre qu'on n'irait pas si l'on était invité, quand on ne risque pas de l'être un jour ; de la trouver pitoyable, mais de ne jamais se décider à la jeter par la fenêtre. Si le philosophe s'y prostitue, alors que dire de celui qui ne manque pas une occasion d'assister à cette prostitution ?

« Il n'y a pas de lieu dans lequel on ne puisse pas ne pas philosopher. Philosopher est possible et pensable dans l'enceinte close de l'institution philosophique, certes, mais pas que dans ce lieu fermé, réservé aux aficionados destinés à reproduire un jour en amphithéâtre les enseignements de l'historiographie dominante en devenant eux aussi des enseignants de philosophie. On peut philosopher partout ailleurs, notamment à la télévision.

« Certes, on n'y philosophe pas de la même manière que devant un auditoire captif dans l'exercice du long monologue que rien n'interrompt lors du cours magistral. Que Deleuze, philosophe du corps, ait fait du refus de passer à la télévision une éthique qu'il met en relation avec une politique sans jamais faire état de son incapacité physique à se confronter à l'exercice du plateau qui est un ring exigeant le souffle qu'hélas il n'avait physiquement pas, ne lui fait pourtant pas refuser l'exercice télévisuel de huit heures de monologue face caméra dans un Abécédaire qu'il interdit de diffusion de son vivant, interdiction levée puisque cette belle œuvre fut finalement diffusée à la télévision française avant sa mort – et là encore, ce fut heureux.

« Philosopher à la télévision, hors discours universitaire transposé dans un appartement privé avec un dispositif télévisuel nul, puisqu'il transforme l'émission en captation visuelle dans un seul plan d'une parole transformée en Verbe qui se fait chair virtuelle, c'est penser par aphorisme, c'est aussi philosopher au marteau, c'est également scénographier une vision du monde sur le principe des faits et gestes des philosophes antiques.

« Quand Deleuze critique les Nouveaux Philosophes, il invite en contrepoint à la naissance de producteurs et de réalisateurs alternatifs pour s'opposer au vide philosophique des Nouveaux Philosophes dont la performance se limite à l'exercice d'une parole sans œuvre. Pourquoi ne pas imaginer que la philosophie à la télévision, plutôt que d'être déclarée nulle et non avenue, impossible, n'exige pas qu'on pense pour elle une forme adéquate ?

« Aristippe de Cyrène se faisant reprocher d'entrer au bordel rétorquait à ses critiques que l'important n'était pas d'y entrer, mais de savoir en sortir. On pourrait extrapoler cette réponse à la question de la philosophie à la télévision : il faut y aller, mais ne pas y passer sa vie. On peut aussi philosopher au bordel – mais ne philosopher qu'au bordel, c'est probablement se soucier plus du bordel que de la philosophie. »

Je crois toujours que la télévision n'est qu'un instrument et qu'il est louable ou blâmable non pas en tant que tel mais selon ses usages. Ce média fut extraordinaire quand il était un instrument d'éduction populaire avec des hommes de qualité, cultivés et intelligents, passeurs modestes et intellectuels sans tics : les « Lectures pour tous » de Pierre Dumayet (de 1953 à 1968), « Apostrophes » (1975-1990) et « Bouillon de culture » (1991-2001) de Bernard Pivot. Il l'est resté, aujourd'hui, avec « La Grande Librairie » (depuis 2008) de François Busnel. Je n'oublie pas que, quand mes parents ont reçu la télévision de voisins qui changeaient leur poste et leur offraient l'ancien, la première émission que j'y vis fut une rediffusion des *Perses* (1960) d'Eschyle dans la mise en scène de Jean Prat avec une musique de Jean Prodromidès. Je me souviens également que, quand la gauche était de gauche, elle avait nommé Georges Duby président de la Sept qui devint Arte – de 1986 à 1989.

La même télévision peut être le pire instrument à décerveler. Ce qu'elle est devenue depuis que le libéralisme, autrement dit le système politique dans lequel l'argent fait la loi, a pris les rênes : 1983, avec la conversion de Mitterrand à cette idéologie qui a mis un quart de siècle à étouffer le socialisme. J'y reviendrai...

Quand l'argent fait la loi, l'annonceur devient tout-puissant : il lui faut un maximum de téléspectateurs devant l'écran au moment où la publicité est lancée. Et l'on met plus facilement un grand nombre de gens devant la petite lucarne avec une émission de Cyril Hanouna, « Touche pas à mon poste », ou de Patrick Sébastien, qu'avec « Le Temps des cathédrales » de Georges Duby jadis diffusé sur le service public.

Jadis, les émissions intelligentes rendaient les téléspectateurs intelligents : je songe au *Dom Juan* de Molière mis en scène par Marcel Bluwal, mais aussi à son travail télévisuel sur des œuvres de Büchner, Marivaux, Beaumarchais, Dostoïevski, Hugo... De même, aujourd'hui, les émissions imbéciles (il y a pléthore) rendent les gens imbéciles.

J'ai longtemps refusé les invitations de Ruquier et Ardisson jusqu'à ce que, roué de coups par les médias lors de la parution de mon Freud, j'accepte de me rendre sur le plateau d'« On n'est pas couché » où j'ai pu, pendant près d'une heure, développer une argumentation et me faire questionner, sans me faire insulter ou mépriser, par Zemmour et Naulleau. Mais le buzz, qui est le signe donné aux annonceurs qu'ils ont raison d'investir dans l'émission, transforme ce qui fut jadis une agora policée et intelligente en arène remplie de sang et de sueur, de larmes et d'excréments de

*Le miroir aux alouettes*

l'animal dont la mise à mort est le spectacle pour lequel on lui donne rendez-vous.

Et Twitter ? Socrate aurait-il tweeté ? Il l'a fait... Qu'on se souvienne du : « Je sais que je ne sais rien » (27 signes), « Nul n'est méchant volontairement » (32 signes), « Connais-toi toi-même » (20 signes), « Il vaut mieux subir l'injustice que la commettre » (48 signes)... Il était loin des cent quarante signes ! On pourrait aussi ajouter que Jésus a tweeté lui aussi : « Laissez venir à moi les petits enfants » (38 signes), « Tu aimeras ton prochain comme toi-même » (38 signes), « Rendez à César ce qui appartient à César et à Dieu ce qui appartient à Dieu » (75 signes), « Celui qui n'est pas avec moi est contre moi » (43 signes). Rappelons qu'avant lui, aidé par Moïse, Dieu avait déjà beaucoup tweeté. Ainsi : « Tu ne tueras point » (18 signes), « Tu ne commettras pas d'adultère » (31 signes), « Tu ne voleras point » (19 signes), « Tu ne feras pas de faux témoignage » (34 signes).

Trêve de plaisanterie : notre époque n'a pas inventé le tweet, elle lui a donné un nom anglo-saxon. Avant lui, on parlait d'aphorisme. Et la France fut forte en auteurs d'aphorismes : les moralistes français y excellaient – La Rochefoucauld, La Bruyère, Chamfort, Rivarol, Vauvenargues parmi tant d'autres. En philosophie, il y eut aussi l'Allemand Nietzsche et le Roumain Cioran.

Penser de manière brève, courte, concise est possible. Ça n'est évidemment pas penser comme au Collège de France quand on dispose d'un public captif pour un long exposé sans interruption, mais il vaut mieux un bon aphorisme que la mauvaise leçon d'un professeur soporifique en haut de sa chaire.

Or le problème de l'aphorisme n'est pas chez son auteur mais chez son lecteur : celui qui l'écrit sait ce qu'il dit quand il synthétise. Quand on demandait à Cioran comment il écrivait ses aphorismes, il disait qu'il rédigeait une page et que, la plupart du temps, il n'en gardait que la dernière phrase qui était devenue un aphorisme. Derrière cette forme brève, il y a toujours une longue pensée. Mais cette quintessence est un alcool fort qui ne convient pas toujours à ceux qui n'ont ni le corps ni l'âme pour ça.

De la même manière qu'on sait, depuis Duchamp, que « c'est le regardeur qui fait le tableau » (38 signes...), on sait que c'est le lecteur qui fait le tweet : avec sa culture ou son inculture, avec son esprit ou son manque d'humour, avec sa raison ou sa bêtise, avec son intelligence ou sa crétinerie, avec sa sincérité ou son idéologie, avec son authenticité ou ses préjugés, avec son empathie ou sa haine.

J'ai créé un compte Twitter non par passion technophile ou désir d'être sur les réseaux sociaux, mais pour créer un contre-pouvoir aux médias dominants dont j'ai compris, depuis la cabbale organisée lors de la parution de mon Freud[1], qu'ils n'aimaient ni la vérité ni la justice, ni la justesse ni la sincérité. Ce petit monde se moque de donner une information fausse, puisqu'il est une juridiction d'exception et que rien ni personne ne

---

1. CD, Frémeaux et associés, 2011.

peut obtenir, sauf longs et coûteux procès, la restauration d'un honneur bafoué – avec un euro symbolique et la promesse que le journal va réitérer sa calomnie pour se venger de la décision de justice.

J'ai donc ouvert ce compte en 2012. Au départ, il me permettait de signaler les activités de l'Université populaire de Caen puisque la presse parisienne n'a jamais trouvé que c'était un sujet qui méritait un papier : créée en 2002 pour lutter contre les idées du FN, Jean-Marie Le Pen venait d'arriver au second tour des présidentielles, elle a permis a des centaines de milliers de gens d'accéder gratuitement à la culture. En quatorze ans, nous eûmes une poignée d'articles qui tiennent sur les doigts de la main.

Que chacun de mes cours soit suivi chaque semaine par plus de mille personnes ? Ça n'est pas une information. Que ce même cours soit podcasté un million de fois lors de sa diffusion l'été sur France Culture ? Ça n'est pas une information. Que mon cours édité en CD totalise 24 coffrets de 13 CD ? Ça n'est pas une information. Que des gens viennent du monde entier à Caen pour assister à une conférence ? Ça n'est pas une information. Que je sois bénévole, comme mes amis, et que je ne touche pas un centime dans cette aventure ? Ça n'est pas une information.

Mais quand Raël me nomme bien malgré moi prêtre honoraire de sa secte parce que je défends le clonage thérapeutique qu'il confond avec le clonage reproductif, ou parce que je promeus un éros solaire qu'il prend pour la légitimation de ses partouzes sectaires, j'ai droit à la presse qui se gausse. J'ai même les honneurs du journal de France Inter qui consacre un sujet à cette fumisterie. Mais quand je me retrouve au tribunal pour avoir dit de lui dans une conférence à Chalon-sur-Saône qu'il était un *crétin local* et que je perds en appel, la presse n'en souffle pas un mot. Quand *Libération* annonce fautivement en Une la naissance par clonage d'un bébé chez les raëliens et n'apporte aucun démenti à ce mensonge de taille, on mesure le terrible pouvoir de nuisance de la presse.

J'ai donc créé ce compte comme un contre-pouvoir. Je ne savais pas combien les journalistes avaient quitté le terrain et l'enquête pour ne plus prendre désormais leurs informations qu'auprès des réseaux sociaux ! Les journalistes abonnés à mon compte brodaient, commentaient, supputaient, amplifiaient, glosaient, interprétaient, enjolivaient, exagéraient, travestissaient, mais toujours sur un tweet.

Ainsi, quand Manuel Valls et Jean-Yves Le Drian, probablement cornaqués par de mêmes communicants demeurés, disent l'un et l'autre que, venant de la gauche, j'étais devenu un penseur d'extrême droite, je n'ai que Twitter pour répondre et me défendre.

D'où venait ce délire ? J'avais dit dans un entretien au *Point* que « je préférais une idée juste d'Alain de Benoist à une idée fausse de Bernard-Henri Lévy », à quoi j'ajoutais que je préférais également « une idée juste de BHL à une idée fausse d'Alain de Benoist ». Propos de bon sens pour un philosophe qui se contente de dire qu'il préfère une idée juste à une idée fausse !

Mais le bon sens n'étant pas la chose du monde la mieux partagée, y compris et surtout chez Manuel

*Le miroir aux alouettes*

Valls, ami de BHL, ce que j'avais dit, et qu'il n'avait probablement pas lu, devenait dans sa bouche : « Onfray, qui fut de gauche, préfère désormais une idée d'Alain de Benoist à une idée de BHL » ! La chose devint virale dans la foulée. Personne ne vit que Valls disait ainsi qu'il préférait une idée fausse de gauche à une idée vraie de droite, ce qui définit l'idéologue, un type mental qui eut son heure de gloire dans les totalitarismes du XX$^e$ siècle.

« Alain de Benoist » fonctionne comme un chiffon rouge pour Valls : il ne l'a probablement pas plus lu qu'il ne m'a lu, mais on lui aura dit qu'Alain de Benoist était un homme d'*extrême droite*, ce qui interdit tout débat. Si Alain de Benoist, prétendument d'extrême droite, avait dit, par exemple, que Valls avait raison, comme il le souhaite, de vouloir changer le nom du Parti socialiste, Valls se serait vu obligé de dire que c'était une idée d'extrême droite et qu'il fallait donc y renoncer ! Croire que ses adversaires, voire ses ennemis, ont toujours tort sur tout, même quand ils disent la vérité, oblige à dire n'importe quoi. Ce qui est désormais le lot de Valls et de nombre de ses amis.

Or Alain de Benoist fut d'extrême droite dans les années 60 et il ne l'est plus – il a même voté Mélenchon aux dernières présidentielles... Est-on encore et toujours coupable d'un passé avec lequel on a rompu ? Pour Valls, quand on fut d'extrême droite, on est toujours coupable. Mais quand on a été d'extrême gauche, ça n'est pas la même chose. Ainsi Serge July et BHL furent maoïstes et ne le sont plus, Lionel Jospin et Christophe Cambadélis furent trotskistes et ne le sont plus, et tous ceux qui, selon l'heureuse expression de Guy Hocquenghem, « sont passés du col mao au Rotary » n'ont jamais posé aucun problème au Parti socialiste. Seul François Mitterrand a pu venir de l'extrême droite, la vraie, et se trouver lavé de ses péchés d'un passé – pour le coup véritablement d'extrême droite...

Valls ayant donc prétendu que j'étais désormais un penseur d'extrême droite (c'était le signal de départ de la curée...), il ne me restait qu'à reprendre son propos et à conclure : « Crétin ! » (8 signes pour mon compte – l'un de mes plus brefs tweets...).

La presse oublia le déroulé de l'affaire, elle passa sous silence l'insulte première du Premier ministre, sinon la diffamation, et j'étais devenu *le philosophe qui a traité Manuel Valls de crétin*... Quelques jours plus tard, tout aussi peu informée, et tout autant aux mains de ses communicants, Marion Maréchal-Le Pen reprenait le mot dans l'un de ses propos. L'affaire était classée : j'étais donc bien d'extrême droite, puisque Le Pen junior me citait de façon subliminale.

Quelques mots également sur une invitation à BFM où j'avais à commenter une heure d'actualité. Il y avait eu la veille la publication de la photo de cet enfant noyé, la tête en direction de la mer, qui était en train de servir à toutes les basses manœuvres de récupération : *refuser l'immigration c'était tuer une seconde fois cet enfant*. Personne ne voulant tuer à nouveau cet enfant, il fallait donc vouloir et désirer l'immigration massive en Europe.

On me soumet la photo. J'émets une remarque de bon sens en estimant qu'on ne se détermine pas sur des questions majeures en regard d'une photo partout exposée dans les médias. Qui l'a faite ? Dans quelles conditions ? Est-elle cadrée ? Par qui ? Selon quels critères ? Pour supprimer quoi ? J'ajoute, informé par l'histoire que, de Staline qui efface des visages sur des photos de groupe jusqu'à Timişoara qui nous présente des cadavres juste sortis de la morgue comme des victimes de la barbarie de Ceauşescu, alors qu'il s'agissait de morts naturelles, il faut se garder de rien *croire* avant d'avoir la preuve qu'on peut conclure *certainement*. J'avais dit qu'une photo était *manipulable*. Léa Salamé m'a reproché à « On n'est pas couché » d'avoir dit que j'avais affirmé que la photo était *manipulée* ! Confondre manipulable et manipulé, c'est confondre mortel et mort, agrégatif et agrégé, corruptible et corrompu, consolable et consolé, buvable et bu ou mangeable et mangé, c'est ne pas voir la différence entre une possibilité et une réalité ! Pour information, Léa Salamé, qui officie avec les mêmes méthodes sur France Inter, a obtenu le prix Philippe-Caloni qui honore la « Meilleure intervieweuse de l'année 2015 »... J'imagine sans peine ce que serait la pire.

La rédaction de BFMTV avait ensuite montré un reportage avec BHL commentant cette photo avec le discours qu'on imagine. Contents de me lancer le bâton dans les jambes, les journalistes du plateau m'ont empêché d'entendre ce qui fut véritablement dit par lui en gloussant pendant la diffusion du reportage. Une minute plus tard, on me demandait de commenter. Je fis savoir que BHL était malvenu de se lamenter sur cette photo et que, si l'on voulait philosopher, vraiment, il fallait faire un travail généalogique : qu'est-ce qui a rendu possible la photo de cet enfant mort ? Sinon une série de causes dont la moindre n'est pas la fuite de pays dans lesquels des guerres ont été déclenchées.

Dans cette chaîne de causalités, il y a une politique étrangère défendue par BHL depuis plus d'un quart de siècle et qui déstabilise nombre de pays, dont l'Afghanistan, l'Irak, la Libye, la Syrie. On ne peut, à longueur de livres, d'éditoriaux, de conférences, d'articles, d'interventions, ardemment vouloir la guerre et les bombardements de ces pays, puis ne pas assumer les conséquences de ces guerres, à savoir l'émigration massive des gens qui fuient ces guerres – *dont cet enfant* qui aurait pu avoir une vie normale sans cette furie qu'ont certains de vouloir embraser des pays par jeu intellectuel. Je fis une citation bien connue des *Tontons flingueurs* d'Audiard : « Les cons ça ose tout, c'est même à ça qu'on les reconnaît. » La chose me valut d'être invité à la soirée très fermée du club des fous d'*Un singe en hiver* à Villerville, Tigreville chez Audiard, et d'éponger nombre de Picon-Bière. Mais elle me valut aussi, sur le même plateau que celui de Léa Salamé, d'être copieusement insulté par Yann Moix qui vengeait ainsi BHL auquel il doit tout.

La maison Grasset me fit savoir deux ou trois jours plus tôt que l'écrivain était bien décidé à me mettre une raclée ; il s'y est essayé. Après avoir fait savoir dans la presse qu'il m'avait bien mouché, ce qui ne dut convaincre que lui et ses parents, il a menti en disant qu'il avait décidé d'être méchant avec le prochain invité, par principe, sans savoir de qui il s'agirait, avant de découvrir ensuite qu'il s'agissait de moi ! Les propos que m'a rapportés quelques jours avant l'émission son ami Jean-Paul Enthoven qui a édité mes livres chez Grasset et qui est aussi son éditeur, ne laissaient aucun doute : il vengeait qui de droit. Gageons qu'il aura lui aussi bientôt le prix Philippe-Caloni.

Les journalistes et éditorialistes propriétaires du rond de serviette médiatique s'offusquent quand on leur dit qu'à cause d'eux il n'y a plus de débat dans les médias. Ils se fendent systématiquement d'un : « Comment ça ? Mais on vous entend et on vous voit partout » qui laisse croire que, parce qu'on serait entendu ou vu, il y aurait eu débat ! Mais ces prétendus débats obéissent à la loi du dîner de cons : il faut d'abord se justifier d'avoir dit ou écrit ceci ou cela. On ne demande jamais de comptes de ce genre à un tenant de l'idéologie officielle !

Hors contexte, celui ou celle qui a sa carte de presse dûment estampillée procède comme un policier lors d'un interrogatoire musclé : il ou elle extrait une phrase dans un article vieux de cinq ans, il ou elle exhibe un propos sorti d'une démonstration dans une radio antédiluvienne, il ou elle montre un plan de trois secondes d'une antique émission de télévision elle aussi mutilée, et il faut se justifier quand, avec ces fausses preuves qui sont autant de vraies machinations, d'authentiques manipulations, il ou elle veut faire dire ce que l'on n'a pas dit, voire le contraire de ce que l'on dit depuis des années.

Dans cette juridiction d'exception, on est *d'abord* coupable ; à nous de faire la démonstration qu'on ne l'est pas ; si l'on n'y parvient pas, on l'est donc forcément : « Prouvez que vous n'avez pas violé madame X il y a cinq ans dans votre appartement... Vous ne le pouvez pas ? C'est donc bien la preuve que vous l'avez bien violée. Gardes, qu'on emmène le coupable... »

Le procureur de France Inter, qui est aussi celui de « C dans l'air », l'inquisitrice d'« On n'est pas couché » qui est aussi celle de France Inter, l'avocat général billettiste de France Inter qui est aussi directeur de *Libération*, tout ce monde-là attaque toujours avec la même arme : « Vous faites le jeu du Front national. » Laurent Mouchard, *alias* Laurent Joffrin, fils d'un argentier du FN ami personnel de Jean-Marie Le Pen, en fit même, me concernant, la Une de son journal suivie de cinq pages assassines.

La charge donnée, il nous reste à montrer que c'est faux. Du moins quand l'assassinat ne s'est pas fait dans la presse papier où la balle est tirée dans la nuque sans qu'on ait vu arriver le malfrat. Mais dès que l'on essaie de donner le début de l'esquisse du commencement de la réponse, on se trouve interrompu par une autre question, or, il se fait que c'est la même, avec d'autres mots. On essaie alors de répondre à la première, on y revient, on recommence, mais une troisième attaque arrive qui redit les mêmes choses jusqu'à ce que l'émission se termine et qu'on ait subi un flot ininterrompu d'insinuations, d'attaques, d'agressions, sans avoir pu répondre à un seul moment. « Débat », disent-ils... « On vous entend et on vous voit partout », ajoutent-ils...

Pour qui, comme moi, a travaillé sur l'Inquisition, *Le Manuel des inquisiteurs* de Nicolas Eymerich ou

*Le miroir aux alouettes*

*Le Marteau des sorcières* de Heinrich Kramer et Jacques Sprenger réactivent clairement le modèle de ce genre d'interrogatoire. Celui qui comparaît est coupable ; quoi qu'il dise, il le restera ; quoi qu'il formule, il montre qu'il l'est ; quand il affirme, on dit qu'il nie ; quand il nie, on dit qu'il affirme ; quand il révèle, on dit qu'il cache ; quand il cache, on dit qu'il révèle. Au bout du compte, la suspicion d'hérésie de la part de ces gens-là vaut preuve d'hérésie. Le tribunal inquisitorial n'a jamais été un lieu de débat. Pas plus que les procès dans les pays totalitaires.

Mon compte Twitter venait de passer les 103 000 abonnés. Je tweetais sur le démantèlement national de la SNCF par Philippe Duron, l'ancien maire socialiste de Caen qui avait aussi beaucoup démantelé la région dont il fut le patron et la ville dont il a présidé les destinées, et j'avais dans les cinq minutes un appel des « Grandes Gueules » de RMC pour un direct sur le sujet...

J'ai pu vérifier combien les journalistes et les rédactions étaient sous perfusion de Twitter : sans les budgets qui permettaient jadis les enquêtes effectuées par des gens théoriquement compétents, adoubés par des rédactions qui avaient des comptes à rendre, les journalistes boivent à la source anonyme et narcissique, égotiste et mystifiante des comptes où chacun dit ce qu'il veut – ce qui définit la *licence* que notre époque confond dangereusement avec la *liberté*.

Moi qui étais devenu l'insulteur de Valls, *crétin*, et de BHL, *con*, et ce en dehors de tout contexte, et qui passais donc pour un grossier personnage tenant des propos de bistrot, j'étais plus important par tel ou tel tweet que par l'un ou l'autre de chacun de mes 80 livres publiés ! Quand on n'existe plus que dans la limite de 140 signes et que les livres comptent pour rien, il faut arrêter les tweets et se concentrer sur les livres.

J'ai donc coupé mon compte après un délire sur la Toile que je ne m'explique toujours pas. J'étais en Amérique du Sud le jour du 13 novembre. J'achevais une série de conférences à Valparaiso au Chili, puis à Belém au Brésil, et j'étais à Cayenne en Guyane. Entre la fin de ma conférence à la mairie et le début des questions du public, informé du carnage qui avait lieu à Paris, j'ai donné l'information au public.

En rentrant à mon hôtel, j'ai tweeté : « Nous récoltons nationalement ce que nous avons semé internationalement » (70 signes). Je synthétisais ce que je dis depuis longtemps – un numéro de *Globe* en témoigne, je l'ai affirmé lors de la mort de Khaled Kelkal en septembre 1995 : le règlement violent des problèmes liés à l'islam génère et générera en retour des réponses violentes. L'islam ne communie pas dans la religion de Célesteville.

La politique étrangère menée par la France est une politique de guerre faite à de nombreux pays musulmans sur la planète. Depuis 1991, date à laquelle Mitterrand emboîte le pas à Bush père pour la première guerre du Golfe, jusqu'aux bombardements du Mali ou de la Libye, en passant par l'Afghanistan et l'Irak, la France de Sarkozy et de Hollande a choisi un camp politique : celui des États-Unis. C'est aussi celui de

BHL et de tous les intellectuels qui ont défendu ces guerres. Le terrorisme est la réponse du faible au fort. La France et les pays coalisés disposent d'un arsenal militaire haut de gamme ; les soldats de l'État islamique composent quant à eux avec de simples kalachnikovs, mais ils manifestent une détermination suicidaire.

C'est plus facile de croire expliquer le terrorisme par le fanatisme, la barbarie, la sauvagerie, l'horreur, la cruauté, l'atrocité, l'inhumanité que de se demander ce qui a déclenché ce fanatisme, ce qui fait naître la barbarie, ce qui s'avère la généalogie de la sauvagerie, ce qui donne naissance à l'horreur, ce qui rend tel ou tel cruel.

Je me suis contenté de faire mon travail : comme un spinoziste qui dirait : « Ni rire, ni pleurer, mais comprendre » ; ou un nietzschéen qui chercherait la généalogie des faits et voudrait faire l'archéologie de ce qui est advenu. Mais il est vrai que, depuis, Manuel Valls, du haut du bac + 3 de sa licence d'histoire, proclame à France Culture qu'« expliquer, c'est déjà vouloir un peu excuser », il ne reste plus à celui qui pense qu'opiner à ses approximations intellectuelles – ou faire le jeu du FN.

De Cayenne, j'ai répondu positivement à la sollicitation du *Point* qui me demandait une réaction pour un numéro spécial. Entre deux conférences et un départ pour un village amazonien dans la forêt, je me suis exécuté. J'y redisais ma proposition de généalogie des faits à quoi j'ajoutais que la riposte guerrière et la fameuse intensification des frappes, très prévisible au moment où j'écrivais, seraient une erreur : bombarder un front, celui de l'État islamique, ne permettra jamais d'en finir avec un second front, invisible celui-là, **tenu par les djihadistes français planqués dans des lieux de France et d'Europe où ils attendent les ordres du califat pour agir.** J'ajoutais que la France s'honorerait à changer de politique (elle l'a fait sans vergogne depuis, mais dans le mauvais sens...) en inaugurant ce qui fit sa grandeur : les Lumières, la diplomatie, la paix, les droits de l'homme, les vrais.

Pour avoir invité à une stratégie d'activation des chancelleries avant toute guerre, pour renvoyer à l'action des services secrets et des opérations spéciales, pour avoir fait savoir que, puisque la France entretient, hélas !, de bonnes relations avec des pays qui, **eux entretiennent, hélas !, de bonnes relations avec l'État islamique, le Qatar, l'Arabie Saoudite, la Turquie, nous pouvions mettre un point final à cette politique qui est en partie la cause dont le terrorisme est l'effet**, pour avoir pensé cela, un déluge de haine médiatique m'est tombé dessus.

On ne fait la paix qu'avec ses ennemis. Nous sommes en guerre contre des ennemis invisibles et déterminés. Ils nous attaquent aujourd'hui notamment parce que nous les attaquons depuis longtemps : imaginer que rompre ce cercle du talion pour proposer un règlement qui table sur la négociation, c'était faire le jeu de l'État islamique ou « cracher sur les victimes du Bataclan », comme l'écrivit un certain Benoît Rayski sur le site Atlantico, montrait que penser n'était plus possible là où l'on exigeait de chacun la compassion et rien d'autre.

Je fus en effet coupable de ce tweet, mais aussi du tweet que je n'écrivis pas ! Si j'avais été démagogue, si, sur ce compte, j'avais été narcissique et égotiste et que j'avais fait part de mes états d'âme et non de mes analyses, j'aurais pu, oui, en effet, photographier une petite bougie ou me peindre le visage en bleu blanc rouge avant de poster un selfie. J'aurais alors eu un nombre incroyable de *like* ! Mais je garde mes émotions pour moi et ne les étale pas sur Twitter où je croyais pouvoir penser en 140 signes. Je sais que je le pouvais ; je sais depuis que très peu peuvent penser aussi en 140 signes.

J'ai donc coupé ce compte – ce qui n'a pas empêché tel ou tel d'en créer un autre, pirate bien sûr, à mon nom. Il y a déjà une dizaine de faux comptes qui usurpent mon identité sur Facebook. Rien à y faire, *liberté* oblige : sur le Net, on peut mentir et usurper une identité, on peut mystifier et abuser les gens en faisant tenir à tel ou tel un propos qu'il n'a pas tenu, on peut sous couvert d'anonymat et de pseudonyme saccager la réputation de quelqu'un, on peut donner de fausses informations car Internet est une zone de non-droit. L'un des nombreux territoires abandonnés par la République.

Dans cette configuration où l'émission de télévision est devenue un cirque avec faux humoristes, vrais méchants qui, à coups de sarcasmes et d'insultes, fusillent trente années de travail et une réputation d'honnêteté après une intervention où l'on va seul au charbon pour lutter contre l'idéologie dominante – récemment le va-t'en-guerrisme à la Déroulède partagé par la droite et par la gauche ; dans cette configuration où le cerveau d'un journaliste ne semble plus pouvoir aller au-delà de 140 signes ; dans cette configuration où l'on est coupable de ce qu'on dit, certes, mais aussi de ce que l'on ne dit pas, car on est sommé de dire ce qu'il est de bon ton de dire sous peine de mort médiatique ; dans cette configuration où le bouffon névrosé peut se servir de son statut d'humoriste pour s'affranchir de toute décence et répandre sa haine en toute impunité – dans ces configurations-là, l'exercice de la pensée n'est plus possible. Nous sommes entrés dans l'âge sombre de l'obéissance aveugle à l'idéologie concoctée par les communicants du pouvoir. Jacques Séguéla avait ouvert la voie pour Mitterrand ; Jacques Pilhan, collaborateur de Séguéla, a gravi la montagne pour Mitterrand et Chirac ; Gaspard Gantzer atteint les sommets pour Hollande. L'argent fait la loi partout dans la cité ; l'accession ou le maintien au pouvoir font la loi en politique.

Désormais, à quoi bon penser dans ces lieux où il est interdit de faire autre chose qu'ânonner le catéchisme qui, hier, promettait le plein-emploi avec l'Europe libérale, mais qui n'a rien obtenu d'autre que d'ouvrir les vannes au chômage de masse ? Aujourd'hui, les mêmes nous promettent la paix pourvu qu'on fasse la guerre, avant, demain, de nous vendre le paradis si la gauche et la droite gouvernent ensemble avec pour seul programme de battre Marine Le Pen.

Dois-je me résigner ? Sûrement pas. Me taire ? Pas question. Que faire, donc ? Moins et mieux intervenir. Choisir mes lieux. Cesser de croire que j'ai le devoir de porter une parole minoritaire et, pour ce faire, de m'exposer tout seul. Arrêter de me sentir obligé de répondre positivement aux sollicitations, non par goût d'être une figure médiatique comme me le reprochent tels ou tels, mais par obsession de faire avancer ce que je crois juste et vrai, sincère et authentique. En finir avec cette mission d'un genre apostolique qui consisterait à porter la parole de ceux à qui on ne la donne jamais – le peuple des petits et des sans-grade dont je viens et auquel je veux rester fidèle.

Je retiens cette proposition de Deleuze dont j'entretenais précédemment : créer soi-même un média libre et indépendant qui n'oblige pas à partager le plateau avec un chauffeur routier adepte du SM, un footballeur décérébré ou un politicien véreux imposé par le CSA ; qui n'a pas de comptes à rendre à des actionnaires ; qui ne fait pas prendre le risque de se retrouver coincé devant une caméra entre l'hystérie de Cyril Hanouna et la névrose lourde de Stéphane Guillon. Un média qui n'ait de comptes à rendre qu'à son contenu : celui que peut-être Socrate ou Diogène créeraient aujourd'hui pour réaliser l'objectif que Nietzsche donnait à la philosophie : « Nuire à la bêtise. » Une WebTV par exemple...

# 3

## Anatomie d'un bouc émissaire

*Généalogies du Front national*

On connaît l'histoire du sage qui montre la lune et de l'idiot qui regarde le doigt. En ce qui concerne le FN, les idiots surabondent. La théorie du bouc émissaire fonctionne à plein pour tâcher *de ne pas expliquer* d'où vient le FN, qui l'a fait, quand, comment et pourquoi. Ce parti, qui est en dessous de 1 % quand Mitterrand arrive au pouvoir en mai 1981, se retrouve en tête de la moitié des régions françaises aux élections régionales de décembre 2015. Que s'est-il passé entre ces deux dates ? Poser la question est déjà coupable chez nombre de thuriféraires de l'idéologie dominante.

Le bouc émissaire existe dès les sociétés primitives grecques : il est la victime expiatoire sacrifiée pour purifier une faute. On le retrouve dans l'Ancien Testament avec le bouc envoyé à Azazel et qui porte les péchés d'Israël : Dieu demande à Moïse de choisir un animal ; un prêtre pose la main sur lui (Lévitique 16.21) ; il se trouve alors symboliquement chargé de tous les péchés ; il suffit de le sacrifier afin de purifier la communauté. Quelque temps plus tard, Jésus, l'agneau lui aussi sacrifié, accepte de porter sur lui tous les péchés du monde et de mourir pour sauver l'humanité.

Ce rite qui remonte à la nuit des temps rend possible le processus de dénégation : en déplaçant la faute sur un tiers objet, on la transfère sur celui qui n'en est pas coupable, ni, donc, responsable. Dans le cas d'Israël, et dans la configuration vétérotestamentaire, les fautes commises par le peuple juif ne lui sont donc plus imputables, puisqu'elles ont été translatées sur un bouc qui n'en peut mais. On se doute bien que l'animal n'a pas commis ce qu'on lui reproche, mais, par l'opération de désignation de la communauté, il se trouve porteur de ce qu'on a déchargé des épaules du coupable véritable. Le sage montre la faute d'Israël, le fou regarde le bouc. Même remarque avec le Christ dont la vie est indemne de tout péché, mais qui meurt pour effacer les péchés des autres.

Avant que François Mitterrand, tel le jeune crétin qui, chez Goethe, active le balai de l'apprenti sorcier, ne décide d'utiliser le FN pour casser la droite en deux, donc de donner à la gauche la force de la faiblesse de la droite, ce parti est microscopique et groupusculaire. Il est en effet alors un parti véritablement d'extrême droite dans lequel on trouve, pêle-mêle, des anciens pétainistes, des admirateurs du régime de Vichy, des acteurs de la collaboration avec le nazisme, miliciens retraités ou vétérans de la Légion des Volontaires français, des acteurs et des sympathisants de l'OAS, des catholiques intégristes, des défenseurs de l'Empire colonial, des partisans du régime d'apartheid en Afrique du Sud, des antisémites, des ennemis de la franc-maçonnerie et des gens pour lesquels la démocratie est la *gueuse démocrasouille*.

Dans le comité fondateur du FN, en 1972, on peut ainsi nommer : Léon Gaultier, un ancien de la Waffen SS ; François Duprat, un négationniste militant ; Roger Holeindre, un ancien de l'OAS ; Roland Gaucher, un ancien collaborateur des nazis ; Pierre Bousquet, un vétéran de la division Charlemagne ; le vice-président est un ancien milicien : François Brigneau ; le président, Jean-Marie Le Pen, est bien connu pour ses activités d'ancien parachutiste en Algérie. La ligne claire de ce mouvement ? Un antigaullisme forcené ; ce fut aussi la seule ligne claire de François Mitterrand.

Précisons ce que fut cette carrière de Mitterrand que la légende dit de gauche : il adhère à dix-huit ans à l'organisation de jeunesse des Croix-de-Feu en 1934 ; il participe à une manifestation organisée contre les métèques par l'Action française le 1er février 1935, il s'agissait alors, aux cris de « la France aux Français », d'interdire l'exercice de la médecine aux praticiens étrangers résidant sur le sol français – il existe une photo ; en compagnie d'anciens pensionnaires de son internat de pères maristes, sans y adhérer formellement, en réel sympathisant, en compagnon de route, il assiste aux réunions de la Cagoule, groupuscule d'extrême droite putschiste qui trouve Maurras trop mou ; il travaille dans un cabinet du gouvernement de Vichy dès janvier 1942 ; dans une lettre à sa sœur datée du 13 mars 1942, il ne tarit pas d'éloges sur le Maréchal ; en mars-avril 1943, Pétain lui remet la Francisque – le serment prononcé lors de la cérémonie est ainsi formulé : « Je fais don de ma personne au maréchal Pétain comme il a fait don de la sienne à la France. Je m'engage à servir ses disciplines et à rester fidèle à sa personne et à son œuvre. » Il fallait deux parrains ; il les a choisis cagoulards – il existe une photo ; après que la victoire de Stalingrad eut montré que la guerre était finie et gagnée contre le nazisme, question de temps, il comprend la nécessité de changer de camp : il cofonde un groupe de *résistants* le 12 mars 1944, à quelques semaines du débarquement allié – Marguerite Duras en fait partie, quelques mois plus tôt, elle travaillait pour Vichy au service d'attribution du papier aux éditeurs français en phase avec l'occupant ; pendant la guerre d'Algérie, il défend l'Algérie française : ministre de la Justice, troisième personnage de l'État, il refuse la grâce de 45 nationalistes algériens – ils seront décapités ; il est l'ami de René Bousquet, le préfet de police de Paris qui, entre autres forfaits, a organisé la rafle du Vel' d'Hiv', il le restera toute sa vie : Bousquet finance la présidentielle de 1981, il est reçu à l'Élysée après l'élection victorieuse que l'on sait ; en 1982, il fait voter une loi d'amnistie en faveur des généraux putschistes d'Alger ; devenu président de la République, Mitterrand fait fleurir la tombe de Pétain à l'île d'Yeu entre 1984 et 1991 ; à un déjeuner avec Jean d'Ormesson, il dit, en 1995, concernant l'affaire Bousquet : « Vous constatez là l'influence puissante et nocive du lobby juif en France » ; le 10 mai 1995, cet homme qui avait le sens des symboles et savait ce que signifiait le 10 mai pour la gauche proclame à la tribune du Bundestag : « Je ne suis pas venu souligner la défaite, parce que j'ai su ce qu'il y avait de fort dans le peuple allemand, ses vertus, son courage, et peu m'importe son uniforme, et même l'idée [*sic*] qui habitait l'esprit de ces soldats qui allaient mourir en si grand nombre. Ils étaient courageux, ils acceptaient la perte de leur vie. Pour une cause mauvaise, mais leur geste à eux n'avait rien à voir avec cela. Ils aimaient leur patrie. » L'esthétique de la guerre qui réunit nazis et alliés dans une même beauté, il fallait oser pour un président... de gauche.

Sympathisant de l'Action française de Maurras, compagnon de route des cagoulards, pétainiste confit d'admiration pour le Maréchal, vichyste décoré de la Francisque, partisan de l'Algérie française, défenseur de la peine de mort contre les nationalistes du FLN, mais aussi, devenu président de la République de *gauche* : ami du préfet de police de Vichy auteur de la rafle du Vel' d'Hiv', défenseur des putschistes de l'OAS, fidèle à la mémoire de Pétain, antisémite impénitent, admirateur du « courage » des soldats nazis, cet homme ne pouvait que plaire à Jean-Marie Le Pen qui partage ces mêmes idéaux.

Quels sont les rapports entre François Mitterrand et Jean-Marie Le Pen ? Cordiaux, très cordiaux. En 1980, le Front national ne compte que 270 adhérents sur toute la France ; en mai 1981, il obtient 0,18 % aux législatives ; aux cantonales de 1982 : 0,20 % des suffrages ; aux municipales de 1983 : 0,11 % ; en 2015, il a presque huit millions d'électeurs. Que s'est-il passé entre 1981 et 2015 ? Réponse : trente-quatre années de pleins pouvoirs donnés au libéralisme, une fois au socialisme libéral, une autre fois au pseudo-gaullisme libéral.

Aux élections européennes du 17 juin 1984, le FN totalise 10,95 %. Le 13 février de la même année, Jean-Marie Le Pen avait été invité à « L'Heure de vérité », une émission politique de grande écoute – et ce grâce à l'intervention personnelle de François Mitterrand.

En 1983, avec le tournant dit de la rigueur, Mitterrand abandonne la gauche qu'il avait utilisée de façon rhétorique pour accéder au pouvoir. Il y est et, en bon machiavélien, sa question n'est plus *Comment faire pour y parvenir ?* Mais *Comment faire pour y rester ?* On sait que, dans *Le Prince*, Machiavel fait de ces deux interrogations les seules questions politiques et qu'il y apporte la même réponse : *Tous les moyens sont bons*. Hollande se révèle en ce sens un digne émule.

Pour parvenir au pouvoir, Mitterrand l'orateur vieille école et le rhéteur des frères maristes, le dialecticien habile et le sophiste madré, le compagnon de route de l'Action française et le sympathisant cagoulard, l'ami du préfet de police de Vichy et l'ancien pétainiste, cet homme, donc, parle à gauche : le peuple, la gauche, Jaurès, le capitalisme, les paysans, les villages, la ruralité, le pacifisme, le partage, la solidarité, la fraternité, la justice, les travailleurs, Blum, le Front populaire. Mais aussi : la réduction du temps de travail, la retraite à 60 ans, les radios libres, l'abolition de la peine de mort, le combat antinucléaire. Des millions de Français y ont cru. J'y ai cru. Il est élu.

*Anatomie d'un bouc émissaire*

L'exercice du pouvoir est cruel. La banque, l'argent, la Bourse, le capital, la finance font mauvais ménage avec ce programme. Les finances publiques plongent : les socialistes ont dû financer l'abaissement de l'âge de la retraite, l'augmentation du SMIC (10 %), des allocations familiales (25 %), des assistances au logement (25 %), des aides aux handicapés (20 %), la réduction du temps de travail hebdomadaire à 39 heures, la cinquième semaine de congés payés. Les dépenses publiques flambent (27,5 %). En 1982, le déficit budgétaire triple ; la dette publique s'accroît considérablement (de 418 à 617 milliards de francs) ; le déficit de la balance extérieure se creuse (de 50,6 milliards à 93,3) ; la dette flambe (multipliée par quatre en trois ans) ; l'inflation galope ; le franc chute : le gouvernement dévalue en octobre 1981, en juin 1982, en mars 1983. Ce mois de mars 1983, Mitterrand et Mauroy annoncent le tournant de la rigueur : *la gauche renonce à être de gauche*. Quelques mois plus tard, la cote de Mitterrand s'effondre.

En juillet 1984, Mauroy qui a initié le mouvement laisse la place à Fabius ; les quatre ministres communistes quittent le gouvernement. La cote de Mitterrand chute encore. En mars 1986, la droite remporte les législatives. De Gaulle aurait démissionné ; Mitterrand reste : l'auteur du *Coup d'État permanent*[1] qui faisait du Général un fasciste se trouve désormais très à l'aise dans cette Constitution qui lui permet de jouer le monarque prétendument de gauche... qui a donné son corps à la France.

---

1. Plon, 1964.

*Le miroir aux alouettes*

En mai 1988, bien que se sachant atteint d'un cancer de la prostate depuis sept ans, Mitterrand qui avait promis la transparence sur son état de santé cache son mal et se trouve réélu. C'est alors le septennat d'un homme gravement malade qui a moins le souci de la France que de laisser un nom dans l'histoire. Il a renoncé à la gauche qui lui avait permis d'accéder au pouvoir ; il montre clairement qu'il est devenu l'homme de la droite libérale en suivant George Bush dans la guerre du Golfe (1991) et en défendant le traité de Maastricht (1992).

La tradition pacifiste de la gauche française se trouve ainsi détruite par l'entrée en guerre qui inaugure un processus de politique étrangère qui ne sera pas pour rien dans l'avènement du terrorisme islamique en France. Il est loin le temps du Jaurès visité au Panthéon par le président *socialiste* nouvellement élu...

De même, la tradition anticapitaliste de la gauche française explose avec le traité de Maastricht qui s'avère clairement un traité libéral instaurant la libre circulation des capitaux, des personnes et des marchandises dans l'espace européen. La France perd sa souveraineté en matière fiscale et monétaire : taux d'inflation, déficit, endettement, taux d'intérêt relèvent désormais du gouvernement de l'Europe et non de celui de la France. La monnaie unique est l'occasion d'une augmentation du coût de la vie qui se révèle terrible pour les personnes les plus modestes.

Le référendum pour Maastricht a été l'occasion d'un déchaînement idéologique dans les médias aux ordres : être pour, c'était être cultivé, moderne, progressiste, dans le sens de l'histoire, pacifiste, c'était vouloir le plein-emploi, la fin du chômage, la disparition des guerres, c'était réaliser l'amitié entre les peuples, la fraternité universelle.

Qui aurait bien pu être contre et vouloir : l'inculture, l'archaïsme, le passéisme, la réaction, la guerre, le chômage, la xénophobie ? La presse aux ordres fait savoir qu'être contre l'Europe *libérale*, c'est être contre *l'Europe* tout court. À quoi elle ajoute qu'être contre l'Europe, c'est être pour les nations, donc pour le nationalisme ; et puisque « le nationalisme, c'est la guerre », comme finira par dire Mitterrand, il fallait bien du courage pour ne pas se laisser intimider et affirmer que voter « Non » à ce traité, c'était rester fidèle à la gauche en lui permettant, pour agir, une politique économique, fiscale, financière autonome. J'ai voté « Non ». Pour la petite histoire, et non pour la grande, rappelons que Mélenchon a voté oui...

Dans la plus pure tradition contractualiste, le traité envisageait un renoncement à la souveraineté nationale française au profit d'un paradis transnational européen qui ne vint pas. En lieu et place de ce paradis, il y eut : une indéniable augmentation du coût de la vie, une progression exponentielle du chômage, une mise en compétition des ouvriers européens avec faveurs accordées au moins-disant social (le fameux plombier polonais) et la guerre des Balkans. Excusez du peu...

Le libéralisme, la gauche l'a adopté très tôt. Souvenons-nous qu'après que Mitterrand eut renoncé à la gauche en mars 1983, il opte pour le libéralisme. *Libération* fut alors à l'origine d'une considérable entreprise de propagande idéologique digne des régimes totalitaires.

Le 22 février 1984, une productrice de télé spécialiste en gym tonic et en psychanalyse médiatique finance « Vive la crise ! » L'émission est diffusée en première partie de soirée sur le service public – Antenne 2. Yves Montand, qui a oublié son chantier de jeunesse pétainiste, son compagnonnage avec le PCF prosoviétique, s'imagine désormais en président de la République : Ronald Reagan, acteur mineur, n'était-il pas devenu celui des États-Unis en 1981 ? Outre l'acteur cabotin, l'émission réunit Henri Amouroux, qui écrivit dans sa jeunesse dans un journal favorable à Vichy, Alain Minc, pas encore coupable de plagiats, Jean-Claude Guillebaud, journaliste chrétien travaillant au *Monde*, coauteur de l'émission, l'économiste libéral Henri Albert, et Christine Ockrent, journaliste emblématique du PAF. Quelques mois plus tôt, à «7 sur 7 », sa consœur Anne Sinclair avait demandé au même Yves Montand : « Comment expliquez-vous que vous soyez devenu dans les médias en France et dans l'opinion, il faut bien le dire, un tel phare de la pensée contemporaine [*sic*], ou disons, en tout cas, un tel point de repère ? Comment expliquez-vous ce phénomène ? » Un *phare de la pensée contemporaine* ! Tudieu...

Dans « Vive la crise ! » le message est plus simple qu'une phrase de Heidegger. Le phare de la pensée contemporaine dit : « La gauche est bien obligée [*sic*] de reprendre des positions sur l'économie qui étaient traditionnellement celles de la droite. L'ennui, c'est qu'elle a perdu trois ans. » Montand fustige les syndicalistes, les communistes, la gauche véritable, les fonctionnaires, les assistés. Voilà. Fermez le ban.

Vingt millions de personnes regardent l'émission. Mitterrand et les siens la trouvent formidable. Laurent Joffrin, juché sur sa licence de sciences éco, contribue au numéro spécial de *Libération* pour enfoncer le clou. Serge July écrit : « Il faut transformer les sujets passifs en sujets actifs, faire des citoyens entreprenants. » Autrement dit, vieux projet de Raymond Barre sous Giscard : botter le train des chômeurs qui n'ont pas le courage de créer leurs propres entreprises ! July de poursuivre : « Quels sont les symboles mêmes de ce que l'on appelle l'État providence ? La sécurité sociale, les allocations familiales, l'assurance chômage, l'assurance retraite... Les peuples occidentaux ont vécu dans une sorte de ouate sociale depuis vingt ans. » Salauds de pauvres ! Il s'agit donc pour cette bande de faire l'éloge d'une « gauche reaganienne » ! Le numéro de *Libération*, journal fondé par Sartre avec July en 1973, se vend à 120 000 exemplaires. Si ça n'est pas bon pour les travailleurs, c'est immédiatement bon pour la trésorerie, ce le sera bientôt pour le Front national... *Libération* est depuis des années le journal de ce reniement de la gauche et de la collaboration avec le libéralisme. Maastricht était sa couronne de mariée.

Étonnamment, cette émission pourtant (ou parce que...) tellement édifiante n'est pas visible sur le Net où l'on trouve pourtant de tout ! Le curieux doit se rendre à la Bibliothèque nationale et justifier d'une carte de chercheur pour obtenir le visionnage. Sur le Net où négationnisme, révisionnisme, djihadisme, néonazisme, antisémitisme et diarrhée mentale sont en libre-service, « Vive la crise ! » n'existe que sous la forme de pastilles de trois ou quatre minutes... Comme quoi, quand on veut, on peut empêcher la diffusion de sottises sur Internet.

Pendant ce temps, Mitterrand voit bien que ces reniements et ce virage à droite lui font perdre des électeurs. Ceux qui ne succombent pas à la propagande d'État et dont l'esprit critique fonctionne encore un peu constatent que la gauche n'est plus visible ou lisible dans cette aventure. Pas besoin de faire un dessin à l'homme de Jarnac pour qu'il comprenne que chanter « Vive la crise ! » en 1984 et inviter les pauvres à travailler pour être riches ; que célébrer le capitalisme, le libéralisme, l'argent, la réussite ; que vendre La Cinq à Silvio Berlusconi en 1985 ; que faire de Bernard Tapie la figure emblématique de la réconciliation entre la gauche (!) et le monde de l'entreprise ; que transformer ce même Tapie en ministre de la République en 1992 – que tout cela se trouve aux antipodes de l'histoire de la gauche !

Cette décennie du reniement (1983-1993) est celle de l'envol du FN. Étonnant, non ? Avec une gauche socialiste faible, Mitterrand ne peut compter rester au pouvoir ; il faut une droite plus faible que lui, c'est la seule façon de rester à l'Élysée. Mitterrand a saisi très tôt l'intérêt personnel qu'il pouvait avoir à faire monter le FN pour affaiblir la droite afin d'assurer sa pérennité personnelle. La France compte alors pour peu dans cette stratégie, voire pour rien du tout. Hollande est un digne héritier. Valls aussi.

*Anatomie d'un bouc émissaire*

Dès 1982, Mitterrand demande au ministre de la Culture et de la Communication d'attirer l'attention des responsables de chaînes du service public sur le mauvais traitement infligé à Jean-Marie Le Pen. En février 1984, après le tournant de la rigueur donc, Franz-Olivier Giesbert affirme que l'Élysée fait pression sur les chaînes de télévision pour qu'elles ouvrent d'avantage leurs émissions à Jean-Marie Le Pen. Ce qu'elles font. Le 13 février 1984, Le Pen participe à « L'heure de vérité », émission de grande écoute. Avant celle-ci, le FN est à moins de 0,5 % aux élections municipales de mars 1983 ; après son passage chez François-Henri de Virieu, il dépasse les 10 % aux élections européennes. Cherchez l'erreur...

Dans *Le Point* du 28 avril 2011, Jean-Marie Le Pen dit que c'est grâce à François Mitterrand que « l'omerta a été rompue ». Il n'a pas tort. Car il faut ajouter à ces coups de pouce médiatiques un formidable coup de main politique : en avril 1985, Mitterrand décide de la réforme du scrutin électoral pour les législatives. Il sait que le FN entrera à l'Assemblée nationale et que la droite traditionnelle, ainsi vidée d'une partie de ses forces, pourrait ne pas obtenir la majorité absolue, ce qui lui vaudrait une cohabitation. Trente-cinq députés du FN entrent à l'Assemblée nationale, dont Jean-Marie Le Pen ; la cohabitation a tout de même lieu...

Ces cohabitations montrent que, sur le fond, droite libérale et gauche libérale adhèrent au même programme : l'Europe libérale, la monnaie unique, la même politique étrangère alignée sur les États-Unis, le suivisme de George Bush et de ses frappes sur l'Irak. Les différences sont à la marge : le style, les personnes, le jeu du théâtre médiatique, la rhétorique partidaire, la même sophistique des énarques copains de promotion, le formatage de Sciences-Po. Pasqua pense souvent comme Chevènement, et tous deux sont dans l'opposition à leurs partis, pendant que Mitterrand pense comme Giscard ou Chirac, avant que Hollande et Valls ne fassent de même avec Sarkozy.

Les cohabitations montrent que ceux qui y souscrivent ne sont pas gaullistes. Désavoué par les urnes à mi-course, de Gaulle aurait remis en jeu son propre mandat en démissionnant. La clique politicienne libérale au pouvoir depuis 1983, droite et gauche confondues, procède à l'inverse : quand on lui signifie qu'on ne veut plus d'elle, elle annonce qu'elle reste. Mitterrand cohabite avec Chirac (1986-1988) ; Mitterrand cohabite avec Balladur (1993-1995) ; Chirac cohabite avec Jospin (1997-2002). Et, d'une certaine manière, depuis le quinquennat et l'alternance, Sarkozy cohabite avec Hollande.

Depuis 1983, autrement dit depuis trente-trois ans, la même politique est menée par un personnel politique qui ne change pas : à soixante-dix ans, Alain Juppé, Premier ministre de Chirac en 1995, paraît favori à droite aux présidentielles de 2017... Depuis sa première élection en 1978, le chômage a quadruplé.

Mon ami Michel Delorme, qui préside aux destinées des éditions Galilée, m'a rappelé que dans *Cool memories*[1]

---

1. Galilée, 1987.

publié dans sa maison, Jean Baudrillard écrivait : « SOS Racisme – SOS baleines. Ambiguïté : dans un cas, c'est pour dénoncer le racisme, dans l'autre, c'est pour sauver les baleines. Et si dans le premier cas, c'était aussi un appel subliminal à sauver le racisme, et donc l'enjeu de la lutte antiraciste, comme dernier vestige des passions politiques, et donc une espèce virtuellement condamnée ? Il faut se méfier des traîtrises du langage. La langue de bois dit en général le contraire de ce qu'elle pense. Elle dit ce qu'elle pense en secret, par une sorte d'humour involontaire. Et le sigle SOS en fait intégralement partie. » Ici comme ailleurs, l'auteur de *La Gauche divine*[1] n'avait pas tort...

SOS Racisme dirait en fait : « Au secours la gauche ! À moi ! Que le racisme m'aide à être et à durer, à persévérer dans mon être ! » C'est quand Mitterrand laisse tomber ce que j'ai appelé le peuple *old school* au profit des marges qui firent la joie de la pensée 68 (les homosexuels et les hermaphrodites, les prisonniers et les fous de Foucault, les schizophrènes et les masochistes de Deleuze et Guattari, sinon les fedayins du seul Deleuze – se souvenir de « Grandeur de Yasser Arafat[2] » –, les métis et les clandestins de Hocquenghem, les amateurs de jeunes garçons de René Schérer) que l'antiracisme crée un peuple de substitution, celui des *blacks*, des *beurs* et des *feujs*, comme il convient désormais de dire pour éviter : les Noirs, les Maghrébins et les Juifs.

---

1. Grasset, 1985.
2. *In Revue d'études palestiniennes* n° 84, Minuit, 2002.

*Le miroir aux alouettes*

En optant pour le libéralisme européen en 1983, et donc *en renonçant à inventer un socialisme français*, Mitterrand coupait la gauche de ses racines populaires. Il attirait ceux que les marges fascinaient parce qu'elles disposaient intellectuellement d'un sous-prolétariat à leur main. Le PCF avait renoncé à la dictature du prolétariat et au centralisme démocratique ; le PS lâchait le « peuple de gauche » qui vibrait à mai 81 au profit d'un électorat qui, venant du gauchisme de 68, se cherchait de bonnes raisons de souscrire à la société de consommation qu'il avait conspuée sur les barricades. À la mort de Mitterrand en 1996, le socialisme français, c'était la légalisation du pétard pour les mœurs (toujours pas fait...) et le programme économique de Giscard pour la politique (radicalement appliqué...).

Que devenait ce peuple de gauche ? Ses marins-pêcheurs et ses mineurs ? Ses paysans et ses ouvriers ? Son prolétariat et ses chômeurs ? Ses ruraux et ses artisans ? Ses petits commerçants et ses étudiants ? Sa jeunesse et ses enseignants ? Ses facteurs et ses cheminots ? Ceux qui, traditionnellement, votaient à gauche ?

Réponse : des noyés lors de sorties en mer périlleuses pour rembourser les dettes, des silicosés momifiés dans leurs chaises roulantes devant leur télévision, des suicidés aux poutres de leurs granges, des piliers de bar vivant d'allocations, des crève-la-faim et des miséreux perfusés au PMU, des vendeurs de shit, des livreurs de pizzas ou de pauvres petites prostituées d'occasion réduites à ce terrible expédient pour payer leurs études, des profs dépressifs, en arrêt maladie, démissionnaires, des tâcherons en contrats à durée déterminée sous-traitant la distribution du courrier pour des entreprises privées... Pourquoi ce peuple de gauche aurait-il encore voté pour une gauche qui se disait de gauche mais montrait partout et tout le temps qu'elle ne l'était pas, qu'elle ne l'était plus ? Sauf ceux qui votent par obéissance pavlovienne à quiconque prétend qu'il est de gauche, tout individu vraiment de gauche et qui pense sincèrement à gauche ne vote pas ou plus pour cette fausse gauche, cette vraie gauche de droite.

Dès lors, ce peuple-là a commencé par ne plus voter, puis il a regardé du côté du FN qui, sous la houlette de la fille Le Pen épaulée par Philippot venu de Chevènement, reprit l'ancien discours populaire de la gauche du Programme commun, avant que Marine Le Pen n'envisage de faire pour le FN ce que Gianfranco Fini fit pour le MSI, parti d'extrême droite italien qui comportait un grand nombre de nostalgiques de Mussolini : un parti de droite populaire, de droite nationale, de droite radicale. Ce qui correspondrait aux radicaux des républicains américains – le *Tea Party* par exemple.

L'erreur consiste à croire que Marine Le Pen, c'est la même chose que son père. Celle qui affirme que son géniteur a tort de faire des chambres à gaz un détail de l'histoire[1]; celle qui dit que l'Holocauste est « le summum de la barbarie[2] »; celle qui, ostensiblement, ne va pas dans la rue avec les militants de La Manif pour Tous et qui, de ce fait, montre qu'elle ne soutient pas cette

---

1. *Libération*, 28 mars 2009.
2. *Le Point*, 3 février 2011.

initiative contre le mariage homosexuel – au contraire de sa nièce qui, elle, y va, ainsi que Bruno Gollnisch; celle qui accueille des homosexuels dans son état-major; celle qui, comme Mélenchon, est pour la retraite à 60 ans, pour l'augmentation du SMIC, des retraites et des pensions de réversion; celle qui défend le service public; celle qui prône la défense de la laïcité, n'est pas la même que son père dont les calembours antisémites parsèment la carrière. Car, lui qui, toujours sous couvert d'humour, a manifesté une constante homophobie, qui, pendant ses années à la tête du FN, eut un programme ultralibéral en économie, qui n'a jamais aimé les fonctionnaires en général et les enseignants en particulier, et qui n'a jamais refusé le compagonnage des catholiques traditionalistes, est véritablement un homme d'extrême droite.

On peut toujours faire un procès d'intention et affirmer qu'elle pense comme son père, qu'elle le cache bien, qu'elle dissimule, mais qu'une fois arrivée au pouvoir, elle reprendrait à son compte les vieux démons paternels. On peut aussi, ce qui est bien porté ces temps-ci, professer que, à l'Élysée, elle réaliserait rien de moins que le programme d'Adolf Hitler avec les méthodes du califat de l'État islamique – la chose se dit...

Je crois plutôt que, comme Mélenchon qui, lui non plus, n'a pas ménagé ses éloges de Syriza, leur arrivée au pouvoir sonnerait de la même manière que dans le cas d'Alexis Tsipras : la dictature libérale européenne n'en ferait qu'une bouchée, et comme Mélenchon qui, dans pareille configuration, serait aussi révolutionnaire qu'un ministre communiste dans le gouvernement Mitterrand, Marine Le Pen deviendrait à l'Élysée un genre de Pasqua dans le gouvernement Chirac : un tribun en slip. La Shoah n'est fort heureusement pas à l'ordre du jour. Tout juste la perspective quasi certaine d'une gueule de bois pour ceux qui croiraient en Marine Le Pen. Quelque chose qui ressemblerait à l'effet Mitterrand qu'ont bien connu les électeurs de gauche qui ont gardé leur cervelle en 1983.

Nombre de Français n'ont pas oublié que la classe politique libérale les a méprisés lors du référendum du 29 mai 2005 initié par Chirac qui proposait l'établissement d'une Constitution pour l'Europe.

Comme d'habitude, les médias dominants roulent éhontément pour le « Oui ». TF1 organise le 11 avril un débat qui oppose le président Chirac à un panel de 80 jeunes Français choisis par la rédaction – on se doute qu'il n'y a personne parmi ces invités pour imposer un véritable débat. Chirac fait le beau devant un parterre de *reality show* politique. L'émission est présentée par PPDA, Delarue, Fogiel et Chain. On se doute qu'aucune question gênante ne risque d'être posée au chef de l'État. Par ailleurs, cette diffusion d'une émission de TF1, chaîne privée, est faite simultanément sur France 2, France 3, chaînes du service public, et sur M6. Preuve que l'heure était grave...

Nonobstant le matraquage généralisé par la quasi-totalité des médias, la nation a massivement répondu « Non » : 54,68 %. Que croyez-vous qu'il advint ? Ce que le peuple n'a pas voulu, on le lui a resservi et il l'ingurgita de force : le déni de démocratie fut terrible ! Quelque temps plus tard en effet, le paquet-cadeau fut changé, mais le contenu resta le même.

Giscard lui-même, peu suspect d'être antieuropéen, le dit en ces termes : « Ils sont partis du texte du traité constitutionnel, dont ils ont fait éclater les éléments, un par un, en les renvoyant, par voie d'amendements aux deux traités existants de Rome (1957) et de Maastricht (1992). [...] La conclusion vient d'elle-même à l'esprit. Dans le traité de Lisbonne, rédigé exclusivement à partir du projet de traité constitutionnel, les outils sont exactement les mêmes. Seul l'ordre a été changé dans la boîte à outils. La boîte, elle-même, a été redécorée, en utilisant un modèle ancien, qui comporte trois casiers dans lesquels il faut fouiller pour trouver ce que l'on cherche[1] ». Si lui le dit...

Ce que le référendum avait écarté est ainsi revu et corrigé à la marge ; puis cette nouvelle mouture du vieux texte se trouve comme par miracle adoptée par les parlementaires de droite et de gauche, UMP et PS réunis, en congrès à Versailles le 8 février 2008. En d'autres temps, on nommait cette façon de faire un coup d'État. Gracchus Babeuf a créé pour une autre occasion le beau mot de *populicide*, mais il fonctionne ici à ravir.

Jouer le Parlement et le Sénat contre le peuple est facile tant le congrès ne représente pas la sociologie du peuple : les femmes n'y sont pas la moitié de l'Assemblée comme dans la société ; aucun chômeur n'a les moyens de se présenter à l'Assemblée nationale ou au Sénat ;

---

1. *Le Monde*, 26 octobre 2007.

les classes intellectuellement les plus modestes, les classes matériellement les moins aisées, comme les artisans ou les petits commerçants, les petits exploitants agricoles ou les employés, n'y sont pas ; les gens sans parti n'ont aucune chance d'y parvenir.

L'Assemblée nationale est un club de libéraux de droite et de gauche, constitué d'une incroyable majorité d'enseignants et de fonctionnaires, avec, en plus, des cadres supérieurs et des industriels, des ingénieurs et des journalistes, des magistrats et des médecins, des avocats et des vétérinaires, des dentistes et des pharmaciens, des permanents politiques. Autrement dit, des bourgeois et des grands bourgeois. Aucun n'a jamais vécu avec un SMIC ou des allocations de RSA. Les sénateurs étant élus par les grands électeurs, on imagine combien les choses s'aggravent dans cette chambre-là.

Ajoutons à cela que, lors des dernières législatives, le Front national a totalisé 842 695 voix, à peu près autant qu'Europe Écologie Les Verts avec 829 036. Toutefois, avec le même nombre de voix, le FN obtient 2 élus et EELV 16, autrement dit 8 fois plus... Plaisante représentation, plaisante démocratie, plaisante République !

La même opération de prestidigitation a lieu quand, aux régionales de 2015, le FN arrive en tête dans la moitié des communes françaises, qu'il totalise presque 7 millions de voix et que, nonobstant, il ne décroche pas une seule région au second tour, parce que droite libérale et gauche libérale, sous prétexte de front républicain, montrent ce jour-là leur véritable visage en tombant le masque : il n'y a effectivement pas de différence entre Les Républicains et le Parti socialiste sur l'essentiel, ils diffèrent juste sur des problèmes d'emballage.

Constatons enfin que, lors de cette consultation, 22 689 039 d'électeurs n'ont pas voté (50,09 %) ; que 542 264 ont voté blanc (2,40 %) ; que 359 307 ont voté nul (1,59 %). Ce qui veut dire que 23 millions de gens refusent désormais de jouer à ce jeu pipé.

Retrouvons donc notre bouc émissaire : faute d'avouer qu'il est chargé d'un certain nombre de péchés ayant propulsé le FN à 30 %, le Parti socialiste détourne l'attention sur autre chose que lui. Il a créé les conditions qui ont placé le FN si haut, mais ça n'est pas sa faute, c'est celle du FN. Les socialistes ont fait confiance à François Mitterrand pendant des décennies, mais cet homme qui venait de l'extrême droite s'est plus servi de la gauche qu'il ne l'a servie. Il a instrumentalisé le FN et s'est retrouvé débordé par le sortilège. Mais le PS n'y est pour rien.

Sa trahison du peuple de gauche a renvoyé les déçus de la gauche dans les bras d'un FN qui apparaissait comme le plus critique de cette gauche-là, tant la droite découvrait au fur et à mesure ce qu'elle était : un avatar libéral de ladite gauche. Mais le PS n'y est pour rien.

Le PS a renoncé au socialisme en optant pour le libéralisme de Maastricht qui a augmenté le chômage ; il a renoncé au pacifisme de la gauche pour suivre les expéditions punitives guerrières des Bush au Moyen-Orient qui ont contribué au terrorisme islamiste. Mais le PS n'y est pour rien.

*Anatomie d'un bouc émissaire*

Lorsque, entre les deux tours des régionales de décembre 2015, Hollande et Valls annoncent le désistement de la gauche libérale au profit de la droite libérale sous prétexte de front républicain, les choses sont devenues claires : depuis des années, ces faux frères ennemis étaient en fait de véritables alliés qui s'entendent en douce pour partager le gâteau. Avec grandiloquence et mouvements de menton, trémolos dans la voix et allure martiale, il fut alors question de « France », de « République » et de « front républicain » ! En fait, il fallait entendre dans les rangs du PS qui semblait s'effacer pour mieux revenir plus tard : « Éviter la déroute », « Sauver la face » et « Préparer les prochaines présidentielles ».

Car, de deux choses l'une : ou Marine Le Pen, le Front national et le Rassemblement Bleu Marine ne sont pas républicains, alors il faut tout de suite le prouver et *vraiment le prouver*, puis interdire d'expression cette femme, dissoudre ce parti et ce rassemblement, poursuivre en justice ses élus, entendre au commissariat les millions de Français qui ont un jour voté pour ce parti, établir un fichier de police avec les identités de ces ennemis de la République, effectuer une perquisition dans les locaux du parti, mais aussi déclencher des descentes dans les mairies, les bureaux de conseils départementaux, ceux des conseils généraux, ceux de l'Assemblée nationale, ceux du Sénat où sont élus des gens du FN, et ce afin de rassembler les preuves. Il faut une opération de police de grande envergure pour mettre hors d'état de nuire ceux qui s'opposeraient à la République.

*Le miroir aux alouettes*

Ou Marine Le Pen, son parti et son Rassemblement relèvent de la République et l'on cesse de la criminaliser, de la comparer depuis des années à Adolf Hitler et aux nazis, aujourd'hui à l'État islamique et aux terroristes islamistes. On la laisse s'exprimer, se présenter aux élections, investir des candidats à toutes les consultations électorales. Et on la combat avec des idées, des arguments, des programmes. Voire, ce qui serait mieux : avec une authentique politique de gauche qui assècherait son électorat en lui donnant travail et dignité, santé et éducation, pouvoir d'achat et considération.

Mais on ne peut dire qu'elle est antirépublicaine et qu'elle présente un danger pour la République, la comparer aux nationaux-socialistes et à Daesh tout en la laissant libre de parole et de mouvement, tout en acceptant qu'elle dépose ses candidatures au Conseil constitutionnel ! Il faut choisir. Ne pas choisir, c'est soit mentir en la présentant comme un monstre pour faire peur et obtenir les bénéfices du gouvernement par la terreur ; soit couvrir les agissements d'une ennemie de la République qu'on laisse libre de détruire tout ce qu'elle touche. Si elle est vraiment antirépublicaine, ne pas la poursuivre, c'est être plus antirépublicain qu'elle, parce qu'on ne se donne pas les moyens de sauver ce qu'on prétend en péril.

À défaut de pouvoir montrer en quoi elle est véritablement un danger pour la République, il faut cesser cette diabolisation qui n'a produit que son accession aux portes du pouvoir. Si elle veut abolir la République pour instaurer un autre régime : qu'on le dise et qu'on le montre, qu'on le prouve. Si elle veut en finir avec le

*Anatomie d'un bouc émissaire*

régime parlementaire, détruire l'Assemblée nationale, mettre le feu au Sénat : qu'on le dise et qu'on le montre, qu'on le prouve. Si elle réclame haut et fort l'usage de la violence dans les rues pour abolir l'ordre légal : qu'on le dise et qu'on le montre, qu'on le prouve. Si elle promeut des moyens illégaux comme le passage à tabac et la bastonnade, le crime et le meurtre : qu'on le dise et qu'on le montre, qu'on le prouve. Si elle a pour programme d'instaurer un parti unique, le sien, et d'abolir tous les autres partis : qu'on le dise et qu'on le montre, qu'on le prouve. Si elle envisage d'ouvrir des camps pour y parquer ses adversaires, ses ennemis, ses opposants : qu'on le dise et qu'on le montre, qu'on le prouve. Si elle a le projet de mettre à mort une catégorie de gens clairement désignés par elle, Juifs ou Tziganes, homosexuels ou francs-maçons, communistes ou Témoins de Jéhovah : qu'on le dise et qu'on le montre, qu'on le prouve.

À défaut, cette façon libérale, de droite et de gauche, de jouer avec la peur des gens, de faire naître et d'instrumentaliser les angoisses, de terroriser les citoyens, d'abêtir le peuple, d'imbécilliser les foules, de leur faire miroiter un avenir apocalyptique, de les menacer de représailles s'ils ne souscrivent pas à leurs diktats, de déclarer la guerre idéologique à tout individu qui n'acquiesce pas à cette entreprise de terreur, tout en menant la politique qui crée les conditions de Marine Le Pen, c'est clairement inscrire son action dans le cadre du totalitarisme fictionné par Orwell dans *1984*[1].

---
1. 1949.

Ceux qui voient la paille fasciste dans l'œil du voisin ne voient pas la poutre qui se trouve dans le leur. Pour ma part, je refuse la peur et les usages politiques de la peur ; de même que je n'ai pas plus peur de ceux qui instrumentalisent la peur. La peur est l'instrument des dictatures.

# 4

## Caducité du vieux monde

### *Le costume sur mesure du Général*

La Constitution de 1958 est un costume sur mesure : il est taillé par le général de Gaulle non pas pour lui, ce que prétendaient ses ennemis, dont François Mitterrand dans *Le Coup d'État permanent*, mais pour la France. Du moins : pour une certaine idée de la France, celle que s'en faisait le général de Gaulle. Autrement dit : celle d'une grandeur à porter, d'une puissance à assumer, d'une ampleur à soutenir, d'une élévation à pourvoir, d'une idée à incarner, et tout ce qui constitue un genre de variation sur le thème du sublime en politique.

Ce temps n'est plus. Je tiens du fils de Philippe Dechartre, Emmanuel, qui est un ami, une anecdote extrêmement intéressante : quand son père, gaulliste de gauche emblématique, a été sollicité par le général de Gaulle pour travailler avec lui, ils eurent d'abord une longue conversation sur Corneille. Philippe Dechartre cita *Suréna*, une tragédie dont le Général fut capable, au pied levé, de citer quelques vers sur le suicide auquel, confia-t-il, il avait songé après Dakar – en septembre 1940, il avait tenté vainement de débarquer à Dakar avec une escadre anglaise. Puis, sans aucune autre forme de procès, la rencontre terminée, le Général fit savoir à l'ancien résistant que c'était bon pour le poste. Je ne sais de quelle tragédie de Corneille François Hollande s'est entretenu avec Fleur Pellerin pour lui confier un jour le poste de ministre de la Culture.

Je tiens également de conversations avec l'amiral François Flohic, résistant dès le 1er juillet 1940, Compagnon de la Libération, aide de camp du Général de 1959 à 1964, puis de 1965 à 1969, organisateur et confident du voyage de Baden-Baden, compagnon du Général dans son exil irlandais en mai 1969, que le vieux chêne abattu qui aimait aussi Bergson avait écrit une phrase de Nietzsche sur le livre d'or de son hôtel : « Rien ne vaut rien, il ne se passe rien et cependant tout arrive, mais cela est indifférent. » En fait, la citation exacte de Nietzsche, extraite d'*Ainsi parlait Zarathoustra*[1], dans le chapitre intitulé « Le cri de détresse », c'est : « Tout est égal, rien ne vaut la peine, le monde n'a pas de sens, le savoir étrangle. » Peu importe. La citation montre que le Général avait et le sens du tragique et celui du nihilisme.

Dans cette lande balayée par les vents, loin du monde, entre deux conversations sur Shakespeare avec l'amiral, le Général relisait *Les Mémoires d'outre-tombe*[2] pendant qu'il écrivait ses *Mémoires d'espoir*[3]. J'ai appris il y a peu qu'il fut un temps question de lui pour le prix

---
1. 1883.
2. F.-R. de Chateaubriand, 1849.
3. Plon, 1970 et 1971.

Nobel de... littérature ! On peut aujourd'hui le lire en Pléiade. C'est justice. Il paraît peu probable que les œuvres de Giscard et Mitterrand, de Chirac et de Sarkozy, de Hollande ou de Juppé paraissent un jour dans la prestigieuse collection au papier bible.

Qu'on ne me reproche pas une soudaine dilection pour le général de Gaulle : j'ai rédigé en 1995, il y a vingt ans, un texte intitulé « Trois photos du général » dans lequel je disais le bien que je pensais de cet homme qui a fait l'histoire quand tant d'autres ont été faits par elle. Ces pages sont dans *Le Désir d'être un volcan*[1].

Trois ou quatre années auparavant, j'avais souhaité écrire un essai sur le gaullisme de gauche. Je m'en étais ouvert à mon éditeur qui m'avait alors dit : « Les gaullistes de gauche ? Ça pue de la gueule... » Grand bourgeois libéral habituellement plus châtié dans son langage que dans cette repartie, il m'avait surpris : il parlait plutôt en proustien et il me répondait dans le registre poissard. Surpris, étonné, j'avais cru que ce n'était probablement pas une bonne idée. J'étais jeune et naïf, provincial dans un monde dont je ne possédais pas les codes, je croyais ce qu'on me disait... Le livre n'a pas été fait. Il reste à faire. Je sais aujourd'hui que ce livre était une bonne idée.

Je pense en effet maintenant que cette réponse brutale et désagréable, cette fin de non-recevoir, était une réponse politique : mon éditeur était un libéral, donc un antigaulliste viscéral ; il était de gauche, mais comme le sont les libéraux, c'est-à-dire en étant à droite, en

---

1. Grasset, 1996.

vivant à droite, en pensant à droite, en plaçant leur argent à droite, en dormant et en rêvant à droite, mais en parlant à gauche pour se croire différents de la droite décomplexée qui vit comme eux, pense comme eux, place son argent comme eux, dort et rêve comme eux, mais a l'honnêteté de parler comme elle pense : à droite. Un grand bourgeois de gauche, libéral, vivant dans les beaux quartiers de Paris, ne se distingue en rien d'un grand bourgeois libéral de droite vivant dans les beaux quartiers de Paris. Ils ont les mêmes haines : le peuple qui est populace, la démocratie qui est démagogie. Je découvrais la gauche dont le caviar ouvre chacun des repas de la droite cassoulet pour des dîners très conviviaux dont les miettes sont ramassées par des domestiques.

Ces libéraux-là n'aiment pas de Gaulle, parce que de Gaulle n'aimait pas ce qu'ils aiment : la génuflexion devant l'argent, la religion de la futilité, le culte des objets et des choses, la passion de la superficialité, la vie incestueuse dans les mondanités, le tropisme tribal dans deux ou trois quartiers de Paris, le snobisme comme profondeur, le viatique de la médisance, la réduction de l'être au paraître, le narcissisme égotique. De Gaulle aimait Rome et Plutarque ; ses ennemis chérissent sinon Sodome et Gomorrhe, du moins Byzance et le Pétrone du *Satyricon*.

Les libéraux n'ont jamais aimé de Gaulle qui avait le sens de l'histoire alors qu'eux n'ont que le sens des affaires. Quand de Gaulle dit : « La politique ne se fait pas à la corbeille », ils s'offusquent car ils croient au contraire que c'est la corbeille qui tient lieu de politique.

*Caducité du vieux monde*

En 1983, la conversion de Mitterrand l'antigaulliste au libéralisme les a réjouis, ravis, enthousiasmés : d'abord parce que, comme un anaconda, Mitterrand étouffait le socialisme et la gauche, ensuite parce que cette engeance pouvait enfin voter pour des idées de droite en se croyant toujours de gauche ! Le beurre de la bonne conscience de gauche et l'argent du beurre de l'affairisme qui s'enrichit. Fabuleuse aubaine !

Le général de Gaulle, si souvent traité de fasciste par la gauche qui avait les yeux de Chimène pour Staline et Mao, Trotski et Castro, Tito et Pol-Pot, de grands démocrates comme chacun sait, n'avait pas de programme politique libéral, au contraire des fascistes du XX$^e$ siècle qui, eux, ont clairement revendiqué le leur : le libéralisme politique.

Ainsi, Mussolini qui liquide l'anarchisme et le socialisme de sa jeunesse au congrès de la création du Parti national fasciste en 1921. Son programme politique fait l'éloge de la concurrence. L'État doit renoncer aux monopoles dans l'ordre économique. L'énergie individuelle et l'initiative personnelle sont exacerbées. L'étatisation, la municipalisation, les nationalisations sont interdites. La fiscalité est abolie pour les investisseurs, l'exonération d'impôts est assurée à ceux qui réinvestissent les bénéfices dans le capital technique ou instrumental. Mussolini dit : « Nous repoussons [...] toute intervention de l'État dans la vie économique quelle qu'elle soit. »

Ainsi le maréchal Pétain qui, dans son message du jeudi 10 octobre 1940, déplore la « dégradation du libéralisme économique », et fustige « l'apparence de libéralisme » (*Discours aux Français*, n° 10) dans un régime où, selon lui, les trusts et l'État font la loi en matière d'économie. Il souhaite que la Révolution nationale mette l'État au service de la reconquête du libéralisme perdu. Il inaugure ainsi le paradoxe de l'État qui impose la tyrannie libérale.

Ainsi avec l'Argentine d'après-putsch (1964-1985), la Grèce des colonels (1967-1974) ou le Chili de Pinochet (1973-1990), autant d'endroits où les États-Unis, avec l'aide de la CIA, installent des régimes à leur main afin d'empêcher des régimes étatistes de gauche, donc des régimes souverainistes. Des économistes américains qui se réclament de Milton Friedman, les Chicago Boys, sont les mentors économiques de Pinochet pendant plusieurs années.

Or, la politique économique du général de Gaulle, ce furent : la nationalisation des houillères, de Renault et des transports aériens en 1944 ; la Sécurité sociale en 1945 ; la création des comités d'entreprise la même année ; la participation, autrement dit le projet d'association capital-travail en faveur des ouvriers, un projet torpillé en 1951-1952, puis en 1968 par la gauche, dont Mitterrand, et une partie de la droite, Giscard, ce qui conduira de Gaulle à quitter le pouvoir après un référendum où gauche et libéraux, *déjà*, ont voté contre lui. En juillet 1965, avec l'amendement Louis Vallon, un gaulliste de gauche, une loi permet la répartition de la plus-value entre les ouvriers. À quoi l'on peut ajouter des réformes de société assez peu dans l'esprit de la droite : le droit de vote des femmes en 1944 ; et la loi Neuwirth qui autorise la pilule en 1967.

*Caducité du vieux monde*

De Gaulle ne fut pas libéral, car il refusait tout aussi bien le capitalisme, dont le libéralisme est la gourmandise, que le communisme, dont la religion est la planification technocratique. Il récusait tout autant l'opposition entre droite et gauche en affirmant que cette lecture horizontale des choses manquait de hauteur et qu'il lui en préférait une autre, verticale, qui opposait en haut ceux qui veulent une France grande et forte, en bas, ceux qui aspirent à la diluer dans de plus grands ensembles. Son pragmatisme lui faisait aussi bien recourir à des idées libérales, avec Jacques Rueff par exemple, qu'à des idées qui ne l'étaient pas, la planification, les nationalisations, l'étatisation, avec Maurice Thorez par exemple, quand ces choix fortifiaient et grandissaient la France.

De Gaulle fut un homme de gauche dont la gauche ne voulut pas et qui, de ce fait, fut donc soutenu par la droite ; Mitterrand fut un homme de droite dont la droite ne voulut pas et qui, de ce fait, fut soutenu par la gauche. Cet étonnant paradoxe en forme de chiasme constitue l'un des malentendus les plus néfastes ou nocifs que la nation française ait pu connaître au XXe siècle.

Dans *C'était de Gaulle*[1], Alain Peyrefitte rapporte cette conversation avec le grand homme : « Le Général me répète, avec encore plus d'énergie, ce qu'il m'a dit déjà plusieurs fois au sujet des journalistes : "Peyrefitte, je vous supplie de ne pas traiter les journalistes avec trop de considération. Quand une difficulté surgit, il

---
1. De Fallois/Fayard, 1994.

faut absolument que cette faune prenne le parti de l'étranger, contre le parti de la nation dont ils se prétendent pourtant les porte-parole. Impossible d'imaginer une pareille bassesse – et en même temps une pareille inconscience de la bassesse." »

Il ajoute : « "Vos journalistes ont en commun avec la bourgeoisie française d'avoir perdu tout sentiment de fierté nationale. Pour pouvoir continuer à dîner en ville, la bourgeoisie accepterait n'importe quel abaissement de la nation. Déjà en 40, elle était derrière Pétain, car il lui permettait de continuer à dîner en ville malgré le désastre national. Quel émerveillement ! Pétain était un grand homme. Pas besoin d'austérité ni d'effort ! Pétain avait trouvé l'arrangement. Tout allait se combiner à merveille avec les Allemands. Les bonnes affaires allaient reprendre." »

Enfin : « "Bien sûr, cela représente 5 % de la nation, mais 5 % qui, jusqu'à moi, ont dominé. La Révolution française n'a pas appelé au pouvoir le peuple français, mais cette classe artificielle qu'est la bourgeoisie. Cette classe qui s'est de plus en plus abâtardie, jusqu'à devenir traîtresse à son propre pays. Bien entendu, le populo ne partage pas du tout ce sentiment. Le populo a des réflexes sains. Le populo sent où est l'intérêt du pays. Il ne s'y trompe pas souvent. En réalité, il y a deux bourgeoisies. La bourgeoisie d'argent, celle qui lit *Le Figaro*, et la bourgeoisie intellectuelle, qui lit *Le Monde*. Les deux font la paire. Elles s'entendent pour se partager le pouvoir. Cela m'est complètement égal que vos journalistes soient contre moi. Cela m'ennuierait même qu'ils ne le soient pas. J'en serais navré, vous m'entendez ! Le jour où *Le Figaro* et *L'Immonde* [*sic*] me soutiendraient, je considérerais que c'est une catastrophe nationale !" » Rafraîchissant propos d'une étonnante actualité. Le libéralisme est l'eau sale dans laquelle nagent naturellement la bourgeoisie d'affaires et la bourgeoisie intellectuelle.

C'est cet homme drapé dans la toge romaine qui pense la V<sup>e</sup> République et lui donne sa Constitution. La nôtre jusqu'à ce jour. Qui est de Gaulle ? Le fils d'un enseignant d'histoire qui est aussi son professeur dans un collège jésuite ; la progéniture d'un catholique lecteur de l'*Action française* qui prend le parti du capitaine Dreyfus ; le saint-cyrien qui lit Péguy et Nietzsche ; le jeune capitaine qui désobéit à ses supérieurs pendant la Première Guerre mondiale ; le prisonnier qui essaie cinq fois de s'évader ; le nègre de Pétain qui refuse que son commanditaire signe le livre écrit pour lui ; le théoricien de la guerre blindée que l'état-major français méprise, mais qui fournit aux chars allemands de Guderian la doctrine qui leur donne la victoire dans les Ardennes ; le maurrassien devenu républicain après les accords de Munich ; le monarchiste qui aime le socialisme de Pierre Leroux ; le catholique qui lit le Juif Bergson et souscrit à cette idée qu'« il faut penser en homme d'action et agir en homme de pensée » ; le militaire qui désobéit au Maréchal et lance l'appel du 18 Juin en 1940 ; le croyant laïc pour lequel il n'y a ni juifs ni chrétiens ni musulmans en France, mais des Français ; le porteur à bout de bras de la France libre ; l'organisateur de la Résistance, la vraie, la seule ;

l'homme qui, dans son discours de Bayeux, fait savoir aux Américains, venus libérer l'Europe pour s'y installer, qu'ils peuvent remballer leurs affaires, reprendre leur monnaie d'occupation, l'AMGOT, l'acronyme de *Allied Military Government of the Occupated Territories*, un projet qui se proposait de recycler les préfets vichystes, parce que non communistes, dans une France gouvernée par les Américains ; le chef du Gouvernement provisoire que les manigances des partis font tomber en 1953. Et puis c'est aussi l'homme de l'exil à Colombey-les-Deux-Églises, auprès des siens, et de sa petite fille handicapée. Pendant ces cinq années dites de traversée du désert, il rédige ses *Mémoires de guerre*[1].

La crise algérienne menace la France de guerre civile ; les autorités politiques viennent le chercher dans sa retraite ; le président de la République René Coty fait appel à lui ; l'Assemblée nationale l'investit président du Conseil pour six mois : voilà ce que François Mitterrand nomme *un coup d'État*... Il écrit dans un livre éponyme[2] : « Entre de Gaulle et les républicains il y a d'abord, il y aura toujours le coup d'État » (p. 63). Faut-il pleurer, faut-il en rire ?

Le Mitterrand qui, il y a peu, crachait sur les métèques et les Juifs, trouvait Maurras trop mou, sympathisait avec la Cagoule fasciste et putschiste, travaillait pour le régime de Vichy, recevait la Francisque des mains même du chef de la Révolution nationale,

---
1. Plon, 1954-1959.
2. *Le Coup d'État permanent, op. cit.*

admirait le maréchal Pétain, donnait son amitié à l'organisateur de la rafle du Vel' d'Hiv' pour ne jamais la reprendre, estime que le général de Gaulle sollicité par le chef de l'État et confirmé par l'Assemblée nationale est l'auteur d'un coup d'État ? On rêve...

Quand le même de Gaulle veut en finir avec le régime des partis, celui auquel Mitterrand avait dû onze fois une nomination de ministre sous la IV$^e$ République (ministre des Anciens Combattants et des Victimes de guerre, ministre de la France d'outre-mer, ministre d'État, délégué au Conseil de l'Europe, ministre de l'Intérieur, garde des Sceaux, ministre de la Justice), il estime qu'il en va encore et toujours d'un coup d'État ! Pendant la guerre d'Algérie, Mitterrand, ministre de la Justice, affirme : « La rébellion algérienne ne peut trouver qu'une forme terminale : la guerre. » Puis il ajoute : « L'Algérie, c'est la France. » C'est le même Mitterrand qui envoie les nationalistes algériens sous le couteau de la guillotine. Mais c'est de Gaulle qui veut mettre fin à cette guerre qui est un putschiste, un dictateur ? Mitterrand écrit en effet dans *Le Coup d'État permanent* : « Qui est-il, lui, de Gaulle ? Duce, führer, caudillo, conducator, guide ? » Rappelons qu'en 1965, quand paraît ce livre, duce renvoie à Mussolini, führer à Hitler, caudillo à Franco, conducator à Ceauşescu, guide à Pétain...

L'esprit de la V$^e$ République de 1958 et de l'élection du président de la République au suffrage universel en 1962 est simple : d'abord en finir avec l'élection du président du Conseil par des politiciens véreux qui, dans

*Le miroir aux alouettes*

la coulisse, monnaient leurs votes, magouillent pour obtenir des suffrages, s'acoquinent avec leurs ennemis pour faire chuter leurs amis afin de prendre leur place, créent des scandales pour faire tomber des gouvernements et rendre le pays ingouvernable ou gouverné par des crapules. Ce que de Gaulle appelait « le régime des partis ».

Ensuite, redonner au peuple une place qu'il n'avait pas en le sollicitant au suffrage universel direct. Le Président n'est plus un coquin élu par des copains pour se servir de la République plus que pour la servir, mais un homme qui a rencontré un peuple, une rencontre de laquelle naît un contrat auquel la Constitution donne forme. Pour de Gaulle, il ne s'agit pas d'élire un dictateur ou un monarque, mais un souverain qui concentre la volonté générale, un homme qui incarne le peuple français *tant que le peuple français veut de lui*, une volonté qui se mesure par les élections intermédiaires et les réponses que donne le peuple aux référendums.

Dans l'esprit de la V$^e$, le président de la République est un genre de monarque, alors que les élections sont une forme de guillotine : à chaque consultation électorale, le Président mesure le degré d'adhésion du peuple à son projet. S'il est désavoué, alors il remet son mandat en jeu, voire il démissionne. Voilà la règle républicaine.

Dans la configuration gaullienne, un dictateur nomme celui qui, en cours de mandat, se fait signifier par le peuple que ce dernier n'adhère plus à son projet, et qui, plutôt que d'en prendre acte et de démissionner, reste au pouvoir. Un tyran est celui qui refuse la guillotine électorale pour rester monarque. Il y a alors cette fois, et pour de bon, un authentique coup d'État.

Nul besoin d'aller chercher très loin dans l'histoire de la V$^e$ République et, à cette aune, Mitterrand fut plusieurs fois dictateur, plusieurs fois tyran, plusieurs fois duce comme Mussolini, plusieurs fois führer comme Hitler, plusieurs fois caudillo comme Franco, plusieurs fois conducator comme Ceaușescu, plusieurs fois guide comme Pétain, et quatorze ans durant, l'auteur d'un coup d'État permanent. Le tout en se prétendant socialiste ! Chirac, aujourd'hui statufié et muséographié, bien qu'il fût le charognard du gaullisme et l'affairiste que tout le monde semble avoir oublié, l'a été lui aussi pendant deux mandats présidentiels...

Lors des événements de Mai 68, dès son retour de Baden-Baden, de Gaulle dissout l'Assemblée nationale ; il remet son mandat en jeu ; son camp est triomphalement réélu. Nonobstant ce signe franc et massif, il souhaite une confirmation de cette confiance pourtant clairement exprimée : il souhaite un référendum qui est pour lui plébiscitaire. Après une confirmation de sa politique dont la plupart se seraient accommodés, il veut une confirmation de sa personne : oui à la question soumise par le Président, c'est oui au Président ; non à la question, c'est non au Président. Si oui, il reste ; si non, il part – pour les autres ce sera : si oui, je reste, si non, je ne pars pas.

Désireux de conforter son lien avec le peuple, il propose un référendum sur la participation qui est une réforme authentiquement de gauche, autogestionnaire en l'occurrence, dans l'esprit de ce que sera Lip dans les années 70 par exemple. L'autogestion yougoslave du communiste Tito lui sert peu ou prou de modèle.

Son Premier ministre, Georges Pompidou, un bourgeois moderne, authentique conservateur, s'étrangle. Il estime de Gaulle devenu fou et ne veut pas de ce référendum. Un obscur secrétaire d'État aux Finances, un certain Valéry Giscard d'Estaing, n'en veut pas non plus. Il est jeune, il piaffe d'impatience, il attend son tour en secret.

La bourgeoisie d'affaires, donc la droite d'argent, sabote le projet. On fait savoir au Général que ce texte ne saurait être rédigé dans les délais donnés par lui pour la tenue de cette consultation électorale. Qu'à cela ne tienne, il veut un référendum pour son caractère plébiscitaire, un autre sujet fera tout aussi bien l'affaire. On lui suggère la régionalisation et la réforme du Sénat. Il acquiesce. Il pourra ainsi honorer sa promesse d'un référendum à la date convenue.

Mitterrand dit qu'il votera « Non » et la gauche avec lui. Depuis l'élection au suffrage universel direct, il sait qu'il peut devenir président. En 1965, déjà, il a mis le vieux Général en ballotage. À ce « Non » de gauche il faut ajouter le « Oui mais » de Giscard, autrement dit, un « Non » travesti. De Gaulle ayant dit qu'en cas d'échec il quitterait ses fonctions immédiatement, Pompidou, le normalien agrégé de lettres, ancien banquier de Rothschild, annonce que dans ce cas il sera candidat à la présidence. On imagine que lui et les siens n'ont pas dû voter « Oui »...

Découvrant la manœuvre, un Mitterrand aurait prétexté n'importe quoi pour ajourner *sine die* la consulta-

*Caducité du vieux monde*

tion. Ça n'était pas le genre du Général qui est allé au combat en sachant qu'il le paierait de sa mort politique. Le référendum a lieu le 27 avril 1969. Le « Non » l'emporte à 52,41 %. Dont acte. Le général de Gaulle démissionne le 28 avril 1969, à minuit dix. Il avait donné ce communiqué à l'AFP depuis Colombey-les-Deux-Églises : « Je cesse d'exercer mes fonctions de président de la République. Cette décision prend effet aujourd'hui à midi. » Pompidou devenait président de la République le 15 juin. De Gaulle meurt dix-huit mois plus tard, le 9 novembre 1970. Et, avec lui, une certaine idée de la France.

Mitterrand est élu le 10 mai 1981 sur un programme de gauche. Après deux années de gouvernement sur ces idées, il infléchit sa politique à droite dès 1983 ; en conséquence, il perd les élections législatives de mars 1986. Que fait-il ? En bon ennemi d'un de Gaulle qu'il détesta toujours, il reste, bien sûr, et nomme Chirac Premier ministre (1986-1988). Mitterrand est réélu en mai 1988. Il perd à nouveau les législatives en mars 1993. Fidèle à lui-même, il reste, évidemment, et nomme un nouveau Premier ministre de droite, Balladur (1993-1995).

En 1995, Mitterrand fait savoir en douce, à mi-mot, comme il savait si bien le faire, que, Jospin ayant fort judicieusement réclamé « un droit d'inventaire » sur quatorze années de socialisme mitterrandien, il aimerait bien voir Chirac élu président de la République. Pierre Bergé, Roger Hanin, Michel Charasse, Roland Dumas et quelques autres de la mitterrandie font le nécessaire. Jack Lang envisage même de se présenter à la présidentielle... Chirac est élu en 1995.

Chirac, gaulliste en peau de lapin, jamais en retard d'une Croix de Lorraine s'il faut un fond de scène quand la télévision est là, magouille en coulisse, complote avec son Premier ministre Dominique de Villepin. Extralucide en diable, il croit, en annonçant une dissolution de l'Assemblée nationale onze mois avant la date prévue, qu'il prendra tout le monde de court. Or, il s'avère que c'est lui qui est pris de court : le peuple porte la gauche au Parlement. Que fait ce gaulliste ? Il reste, bien sûr... Il nomme Lionel Jospin qui occupe Matignon pendant cinq ans (1997-2002).

En 2002, Jospin a fait savoir pendant sa campagne présidentielle que « L'État ne pouvait pas tout », et cette stupéfiante déclaration : « Mon programme n'est pas socialiste. » Puis il a laissé d'autres gauches y aller contre lui, dont Taubira et Chevènement, Hue et Voynet. Dès lors, il n'est pas qualifié pour le second tour. Restent Chirac et Le Pen.

S'il n'en avait fait une affaire personnelle, cet homme par ailleurs intègre et droit, honnête et loyal, aurait pu décider ce soir-là d'appeler à reporter les voix de gauche sur le nom de Chirac, et, ce faisant, obtenir que le président sortant redevienne président, certes, mais qu'en conséquence, et pour prix républicain de ce contrat social antifasciste, il nomme un Premier ministre socialiste, après que le troisième et le quatrième tours que sont les deux consultations électorales des législatives auraient porté la gauche au premier rang. Ainsi, il aurait pu quitter la vie politique ; il serait alors rentré dans l'histoire.

Ce ne fut pas fait. Chirac est élu avec 82,20 % des voix. Dans la foulée, Jospin disparu, la gauche éparpillée façon puzzle, Chirac constitue son gouvernement : 100 % de droite ! Pas un seul geste en direction des millions d'électeurs de gauche qui l'ont porté là. De Gaulle, lui, sut gouverner avec les communistes à l'époque staliniens.

Trois ans plus tard, en mai 2005, Chirac soumet le projet de traité européen aux Français. Ils disent « Non » à 54,87 %. Ce gaulliste décidément très farceur ne se démonte pas et, on l'a vu, fait passer le traité le 4 février 2008 par voie parlementaire. C'est l'époque où Sarkozy et Hollande posent en souriant tous les deux sur la couverture de *Paris Match*. Pour qui aurait voulu comprendre à l'époque, les choses étaient claires. Imagine-t-on une couverture de magazine réunissant Pétain et de Gaulle en 1940 ?

Entre 1981 et 2005, Mitterrand perd deux législatives et ne part pas ; en 1997, Chirac en perd une, il reste ; le même Chirac, élu par des voix de gauche, n'a eu aucun geste pour ce peuple de gauche auquel il doit son sceptre, il reste, plus vissé sur son trône que jamais ; en 2005, Chirac, toujours lui, perd un référendum, il reste bien sûr, et il fait manger de force au peuple le brouet qu'il a pourtant déjà vomi.

Le costume taillé par de Gaulle pour la France fut trop petit pour ces nains politiques que furent Mitterrand, dont on connaît désormais les états de service, et Chirac, sympathisant communiste et vendeur de *L'Humanité* dans les années 50.

Ne parlons pas de Sarkozy et Hollande qui, depuis l'abolition du septennat (qui avait un sens dans la logique gaulliste) pour le quinquennat (qui n'en a plus aucun) n'ont plus à faire semblant de se soumettre à l'esprit de la Constitution. Car, si sa lettre ne l'interdit pas, son esprit ne saurait justifier la cohabitation, si peu pensable dans l'esprit gaullien qu'il n'a pas semblé bon au législateur de préciser qu'en cas de rupture morale du contrat du peuple avec son président, celui-ci devait remettre son mandat en jeu. L'éthique républicaine l'imposait tellement dans son esprit que l'erreur fut de ne pas le graver dans le marbre de la lettre.

En son temps Valéry Giscard d'Estaing, dont on a vu qu'il n'aimait pas le général de Gaulle depuis ses jeunes années, avait envisagé que, s'il perdait la consultation intermédiaire des législatives de 1978, bien sûr que lui non plus ne démissionnerait pas, et qu'il prendrait la décision de se replier... au château de Versailles ! Oui, oui, au château de Versailles.

On pourrait presque parodier Nietzsche qui écrivait dans *L'Antéchrist* qu'« il n'y eut qu'un seul chrétien, ce fut le Christ », en affirmant qu'il n'y eut qu'un seul gaulliste et que ce fut de Gaulle. Ce serait tout de même injuste, car il y en eut de véritables, de vrais, de sincères, d'authentiques. Les Compagnons de la Libération, les résistants de la première heure, les compagnons fidèles. Mon vieil ami François Flohic avec lequel j'ai fait en 2011 un film avec Mary-Pierre Vadelorge et Catherine

Dehée, *L'Ombre de la grande ombre*, un homme dont les conversations me ravissent toujours.

Mais cette forme que fut la Constitution de 1958, ce contrat social jacobin qu'est la V<sup>e</sup> République, ne fonctionnent plus correctement quand il n'y a plus de Gaulle, certes, mais aussi quand il n'y a plus d'esprit gaullien, à défaut d'esprit gaulliste.

Quel est cet esprit ? Le sens de l'intérêt général, la passion du bien public, le souci du peuple, le projet de communauté nationale, le désir de rassembler les Français dans un même projet, l'envie de grandeur pour tous, le sens de l'histoire, le devoir de la longue mémoire, la passion pour la France qui est une force et non un sang, une énergie et non une race, une volonté et non une couleur de peau, une ardente envie de souveraineté – autrement dit : de liberté pour soi, chez soi.

La Constitution de 1958 et la V<sup>e</sup> République sont mortes le 28 avril 1969 à minuit dix. Ensuite, il y eut Pompidou qui rédigea ainsi son épitaphe : « Les peuples heureux n'ont pas d'histoire, je souhaiterais que les historiens n'aient pas trop de choses à dire sur mon mandat » – il a été entendu, probablement au-delà de toute espérance. Il y eut Giscard d'Estaing, si peu gaulliste qu'on le vit, velu, torse nu dans une piscine, habile, faisant du ski, faussement délié, sur un terrain de football, pas crédible, jouant de l'accordéon, pas plus crédible en déjeunant avec des videurs de poubelles maliens ou bien en annonçant en anglais que la France n'était plus qu'une petite chose. Il y eut Mitterrand dont on ne comprend bien les multiples sinuosités que quand on a saisi que sa seule ligne droite, très droite, aura été la haine du général de Gaulle. Il y eut Chirac et son habileté de couleuvre, sinon de vipère, à se sortir de tous les tribunaux où la justice aurait peut-être eu beaucoup de millions en liquide à lui reprocher. Il y eut aussi Sarkozy pour qui Chateaubriand n'est pas l'auteur des *Mémoires d'outre-tombe*, mais une viande bien saignante.

Enfin, il y a Hollande, Pompidou de gauche, qui, le 22 décembre 2014, offre le rhum haïtien de l'Élysée, payé par le contribuable, à Joey Starr, l'ami de sa dulcinée du jour actrice et productrice de cinéma, Joey Starr, le rappeur au casier judiciaire long comme un bras. Mis en cause dans les médias pour cette soirée où le chanteur a confié lui-même avoir été « bien fracassé », il a ainsi répondu sur son compte Twitter : « À propos d'un certain dîner à l'élysée... message adressé à ttes les midinettes qui confondent leurs claviers et leurs parties génitales... très petites explications de texte pour lobes congelés... la provoc est un de mes dada et le mauvaise humour un muscle... comprend qui veut, meeeuuuuhhh #iamaPunkFunk... merci d'avance, shalom !!!! » – l'orthographe a été préservée. Gageons qu'il n'y eut pas ce soir-là de conversation sur les tragédies de Corneille.

Il est temps de plier le costume du Général, trop grand pour tous ces petits, de le mettre au musée de l'Histoire de France à côté du soulier de Marie-Antoinette et du bicorne de Napoléon afin d'envisager une nouvelle garde-robe pour la République. Le peuple a bien compris que cet habit est trop grand pour ses présidents passés, présent et futurs, et qu'il faut en finir avec le règne des personnes de petite taille comme il faut dire depuis que les nains gouvernent. De Gaulle était un Romain contemporain de Marc Aurèle ; le personnel politique du jour est constitué de Romains du bas-Empire.

# 5

## Le goût de la servitude volontaire

### *Du beau mot de souveraineté*

Comment le mot *souverainisme* a-t-il pu devenir un jour un gros mot ? Je ne cesse de me le demander depuis des années que les libéraux s'en servent pour mépriser, salir, fustiger, insulter, déconsidérer quiconque commet le péché d'aimer la liberté, sa liberté, de chérir l'autonomie, son autonomie, d'estimer l'indépendance, son indépendance.

Car, que dit le dictionnaire ? Je prends le *Petit Robert* qui ne quitte pas mon bureau depuis mes années d'étudiant. Il existe deux entrées : la première, comme adjectif, la seconde, comme nom.

Comme adjectif, voici les définitions : Sens 1 : « Qui est au-dessus des autres, dans son genre. V. **Supérieur, suprême**. *Le souverain bien.* » Sens 2 : « Qui, dans son domaine, n'est subordonné à personne. *La puissance souveraine :* la souveraineté. *Le souverain pontife* : le pape. Qui possède la souveraineté internationale, la capacité internationale normale. *État souverain.* V. **Indépendant**. Qui juge sans appel, qui échappe au contrôle d'un organe supérieur. *Juge souverain. Cour souveraine. Assemblée souveraine.* » Sens 3 : « Qui manifeste, par son caractère absolu, un sentiment de supériorité extrême. Une souveraine indifférence, extrême. Un souverain mépris. »

Comme nom, voilà les acceptions : Sens 1 : « Chef d'État monarchique. V. **Empereur, impératrice, monarque, prince, reine, roi**. *Souverain absolu, constitutionnel*. Nom masculin : La personne physique ou morale en qui réside la souveraineté. » Sens 2 : « Figuré. Maître, maîtresse. » Sens 3 : « Monnaie d'or anglaise de valeur égale à la livre sterling. »

Pour résumer : le mot renvoie à la liberté d'agir, à l'indépendance théorique et pratique, à l'autonomie dans l'ordre de la réflexion et de l'action. Qui peut vouloir le contraire de la liberté ? Qui peut désirer le contraire de l'indépendance ? Qui peut aspirer au contraire de l'autonomie ? Et pour quelles étranges raisons ? Pour se subordonner à quel seigneur ? Pour se faire le vassal de quel suzerain ? L'esclave de quel maître ?

Car, les antonymes parlent en effet parfois plus que les mots eux-mêmes auxquels ils s'opposent. Les antonymes de souverain sont en effet : subordonné, esclave, domestique, soumis, sujet, vassal. Par quel étrange renversement de valeurs, ce qui est une vertu, la liberté, peut-il être présenté comme un vice au point que le vice, la sujétion, devienne une vertu ?

Il faut attendre 1978 pour que le mot *souverainiste* apparaisse. Le *Dictionnaire culturel en langue française* d'Alain Rey nous dit dans quelles circonstances et dans quelle occasion : « Politique.1. Au Canada, Partisan de la souveraineté du Québec. *Les revendications souverainistes*. – N. « *Les souverainistes du Bloc québécois* » (*Le Monde*,

4 juin 1997). 2. En Europe, Partisan du respect absolu de la souveraineté des États (au sein de l'Union européenne, par exemple). *Un nationaliste souverainiste – N. Les souverainistes et les jacobins.* »

Remarquons que le mot signifie toujours l'aspiration à l'autonomie, à la liberté, à l'indépendance – donc la récusation de l'asservissement, de la servitude, de la dépendance, de la subordination, de la sujétion. Au Québec francophone, dans l'Amérique française, il s'agit donc de refuser l'assujettissement au Canada anglophone, à l'Amérique américaine. En Europe, même chose : il est également question de ne pas consentir à la vassalité d'une nation, la France en ce qui nous concerne, envers un conglomérat d'autres nations.

Le gaullisme n'est ni une idéologie de droite ni une idéologie de gauche, mais un souverainisme qui combat pour l'indépendance de la France. Qui voudrait que la France ne soit pas libre ? L'acte fondateur du gaullisme est l'appel du 18 Juin. Il ne donne pas par hasard naissance à un mouvement qui s'appelle la France libre dans lequel on ne trouve aucun communiste, pacte germano-soviétique oblige, aucun bourgeois, patrimoine oblige, si peu de gens installés, journalistes ou académiciens, professeurs d'université ou éditeur, mais des gens du peuple, simples et modestes.

En face de la France libre du général de Gaulle, il y avait l'État français du maréchal Pétain : le Général était souverainiste, le Maréchal ne l'était pas. Lisons en effet le discours d'Armistice du vainqueur de Verdun en parallèle à l'appel du 18 Juin de l'auteur du *Fil de l'épée*[1].

Dans son appel du 17 juin 1940, Pétain dit : « C'est le cœur serré que je vous dis aujourd'hui qu'il faut cesser le combat. Je me suis adressé cette nuit à l'adversaire pour lui demander s'il est prêt à rechercher avec moi, entre soldats, après la lutte et dans l'honneur, les moyens de mettre un terme aux hostilités. » Cesser le combat et renoncer pour la France à être la France. Voilà le programme : renoncer à la souveraineté et la céder à un autre qui va en faire ce qu'il va vouloir. On sait ce qu'il en fut.

Dans son appel du 18 juin 1940, le lendemain, de Gaulle lui répond : « Quoi qu'il arrive, la flamme de la résistance française ne doit pas s'éteindre et ne s'éteindra pas. » Avec Pétain la France cesse d'être souveraine pour devenir la vassale de l'Allemagne nazie ; avec de Gaulle, la Résistance se crée et propose de recouvrer la souveraineté du pays bradée aux nazis.

L'histoire de la souveraineté est une conquête. Avec sa conversion, l'empereur Constantin convertit l'Empire romain qui devient chrétien. La phrase de saint Paul « Tout pouvoir vient de Dieu » (Épître aux Romains, 13.1) associe le caprice impérial à la volonté divine : le souverain, c'est celui qui, seul, dit le droit et fait la loi.

Il faut de longs siècles pour laïciser la politique et faire de telle sorte qu'Hobbes puisse, au XVIIe siècle,

---

1. Berger-Levrault, 1932.

proposer un contrat social relevant d'une mécanique purement matérialiste dans laquelle Dieu ne joue aucun rôle. Le contrat, une idée présente chez Épicure, nomme la possibilité pour deux parties de passer librement un pacte auquel l'un et l'autre trouvent avantage.

Dans *Le Léviathan*[1], Hobbes explique comment, dans l'état naturel, la violence fait la loi au point que la peur domine. On connaît son usage de cette idée de Térence : « L'homme est un loup pour l'homme. » Pour en finir avec la peur qu'ont les faibles que le fort les tue, ou qu'ont les forts que les faibles se liguent contre eux pour les supprimer, les uns et les autres décident de passer un contrat : ils renoncent au pouvoir de se nuire mutuellement. De cette manière, ils créent l'État qui les protège les uns des autres. Le contrat social suppose le renoncement d'une partie de sa souveraineté au profit de l'obtention, en échange, de la sécurité.

Hobbes ajoute que la rupture de contrat de la part de l'État qui ne garantit pas la sécurité alors qu'il a obtenu le renoncement au pouvoir de nuire des parties contractantes, signifie *de facto* que chacun a le pouvoir de reprendre sa liberté (I.II.21) – en l'occurrence : de nuire à autrui...

La logique du contrat est donc bien la suivante : renoncer à sa souveraineté pour obtenir une sécurité qui définit une liberté nouvelle – la liberté par la loi. Le sacrifice de la licence crée donc la liberté.

---

1. 1651.

*Le miroir aux alouettes*

Nul n'en disconviendra, c'est le type de contrat qui nous est proposé par François Mitterrand avec le traité de Maastricht en 1992. La chose a été présentée en long, en large et en travers médiatique comme la panacée à tous les problèmes que le socialisme n'avait pas résolus et avait même aggravés. Les médias, aux ordres, c'est leur nature, ont matraqué l'électeur.

Maastricht c'était, souvenons-nous : une politique étrangère commune ; une sécurité commune ; une justice et une police communes ; une monnaie unique ; des tarifs douaniers communs ; la libre circulation des personnes et des biens ; la protection des consommateurs ; des perspectives d'emploi ; la hausse du niveau de vie des travailleurs ; le relèvement du niveau de protection de santé des citoyens ; une culture haut de gamme ; une formation de qualité ; un volontarisme à l'endroit des pays d'outre-mer.

Il fallait, pour obtenir ce paradis sur terre, renoncer à sa souveraineté économique, fiscale, monétaire, autrement dit, abandonner sa souveraineté politique. L'État français ne pouvait plus décider de son taux d'inflation, de ses déficits budgétaires, de son endettement public ou de ses taux d'intérêt. La banque cessait d'être nationale.

Le 16 janvier 2014, dans une émission intitulée « Global Conversation », Viviane Reding, vice-présidente de la Commission européenne, est convenue que plus des trois quarts des lois nationales se contentaient de retranscrire des directives européennes. Le Parlement qui en décide a été pensé de façon que les libéraux de droite et de gauche y fassent la loi, alors que les souverainistes y jouent le rôle nul des minoritaires.

Après presque un quart de siècle de régime européen libéral défendu par la droite libérale (de Chirac à Sarkozy, *via* Juppé) et la gauche libérale (de Mitterrand à Hollande, *via* Jospin), soutenu par la quasi-totalité des intellectuels français (Glucskmann et BHL, Minc et Attali, Finkielkraut et Bruckner, Ferry et Renaut, Julliard et Gauchet, Badinter et Agacinski), lourdement appuyé par les médias dominants (*Le Monde* et *Libération, Le Figaro* et *Le Nouvel Observateur, Le Point* et *L'Express, France Inter* et les radios privées), cette idéologie a montré son impéritie. Jusqu'où faudra-t-il descendre pour obtenir l'aveu que ce ne fut pas la bonne direction et que ça n'est toujours pas la bonne ?

Je me souviens que j'avais attendu les résultats de l'élection devant mon poste de télévision à 20 h 00. On sut plus tard, beaucoup plus tard, que pendant les pauses du débat qui, le 3 septembre 1992, opposait Mitterrand et Philippe Séguin, le Pésident sut faire un usage politique de son cancer en laissant juste voir à son contradicteur, entre deux portes, le personnel soignant qui s'affairait autour de sa personne pour le doper. Séguin fit savoir ensuite qu'il n'eut pas le cœur à boxer un cancéreux sur le plateau. Ce fut tout à son honneur ; et cela renseigne sur l'étendue du cynisme du Florentin. Le débat n'eut pas lieu. Il n'y eut que tracts publicitaires pour appeler à bien voter, ce qui revenait à voter pour le bien.

Lors de l'annonce des résultats, il y eut ce qui jamais n'arrive : un immense flottement à 20 heures pile.

*Le miroir aux alouettes*

Ils étaient tellement serrés que l'institut de sondage ne voulut pas fournir son estimation. Ne voulut pas ? Ne sut pas ? Ou fut invité à ne pas les donner ? Toujours est-il qu'il y eut vingt minutes d'expectative, d'indécision, d'attente, d'indétermination. Ce qu'il fallait retenir de pareil suspens ? Qu'il n'y aurait pas de « Oui » franc et massif – que, donc, une moitié de la France allait se faire traiter de nazie.

Vingt-minutes plus tard, hiératique et marmoréen, émacié et d'outre-tombe, le Président apparut dans la lucarne médiatique. Il fit savoir que ce fut court, mais bon. Les Français avaient voté « Oui ». Juste assez pour faire oui, mais oui quand même... Il les remerciait. Fermez le ban. Les commentaires politiques qui suivirent firent savoir du côté gagnant que c'était une grande date dans l'histoire de l'univers, côté perdant, qu'ils avaient gagné. L'habitude, quoi.

Chacun connaît la rigueur morale et l'honnêteté de François Mitterrand, sa droiture et sa vertu, sa probité et son intégrité, nul n'ignore sa loyauté et sa sincérité, toutes vertus qui firent le quotidien de son existence politique. Personne ne pourra imaginer que les résultats furent négatifs à 20 heures et que la parole performative du Président aurait pu faire de telle sorte que ce que le peuple n'aurait pas fait dans les urnes, lui, par son Verbe, il aurait pu le faire à 20 h 20. Personne...

Mais posons-nous tout de même quelques questions : qui fait les additions des résultats d'un référendum ? Quel citoyen peut demander le comptage ou le recomptage par une instance qui ne serait pas juge et partie (comme le ministère de l'Intérieur socialiste et pro-Maastricht l'était...) pour être bien sûr et certain que, ce jour-là, le peuple ait voulu ce que jamais plus ensuite il ne voudra ? Il faut faire confiance au ministre de l'Intérieur qui, comme chacun sait, est toujours un parangon de vertu.

L'Europe libérale de Maastricht eut donc bien lieu. Dont acte. La clique eut ce qu'elle voulait. À l'heure des bilans, que peut-on dire ? La politique étrangère commune ? Foutaise... La sécurité commune ? Rigolade... La justice et la police communes ? Laissez-moi rire : à l'heure du terrorisme que l'on sait, les fichiers ne sont toujours pas communs... La monnaie unique ? Ça, oui, et il n'y eut que ça... Les tarifs douaniers communs ? Évidemment... La libre circulation des personnes et des biens ? Pour sûr, surtout celle des capitaux... La protection des consommateurs ? Jamais l'industrie agroalimentaire n'a produit autant de cancers ! Des perspectives d'emploi ? Le chômage a augmenté de plusieurs millions de victimes en Europe. La hausse du niveau de vie des travailleurs ? Jamais le pouvoir d'achat n'a été aussi bas. Le relèvement du niveau de protection de santé des citoyens ? Les Français renoncent aux soins dentaires, ophtalmologiques et autres, car les mutuelles sont hors de prix. L'espérance de vie a baissé en 2015. La culture haut de gamme ? Nul besoin d'exemples – en France, on peut être ministre de la Culture et inculte notoire. Une formation de qualité ? Pipeau... L'école est devenue payante quand elle est de qualité, les jeunes s'endettent afin de pouvoir payer leurs études, ils effectuent des petits boulots tard le soir, et parfois les jeunes filles pratiquent une prostitution d'occasion qui les détruit... Un volontarisme à l'endroit des pays d'outre-mer ? Un assistanat généralité, indigne, pour obtenir la paix sociale bien plutôt...

Cette Europe n'a été que l'Europe de l'argent, l'Europe du consumérisme, l'Europe du matérialisme, l'Europe des choses, l'Europe de l'euro, l'Europe du marché libre, l'Europe de la fameuse « concurrence libre et non faussée ». Combien de temps durera encore cette religion libérale qui croit (comme d'autres à leur Dieu...) que le marché régule la société, que l'abondance de biens à consommer police les gens et rapproche les peuples, que le commerce est un facteur de progrès social, que le luxe pour quelques-uns génère la prospérité de tous, que, selon la vieille formule du libéral Mandeville dans *La Fable des abeilles*[1], « les vices privés font la vertu publique » ?

Car ils ont eu leur quart de siècle de régime, ces bien-pensants de la politique, de l'intelligence et des médias : que leur faut-il encore pour conclure que ça ne marche pas ? Combien de catastrophes encore pour convenir que le marché faisant la loi sur le territoire européen, c'est plus un problème qu'une solution ?

On connaît la réponse. C'était la même qu'avaient les défenseurs du régime soviétique à qui l'on faisait remarquer que leur régime ne conduisait pas au bonheur des peuples, mais à leur malheur dans une société policière avec des camps : si les choses ne sont pas meilleures, c'est parce qu'on n'a pas assez forcé sur le trait – marxiste-léniniste pour les communistes,

---

1. 1714.

libre-échangiste pour les libéraux. Pour abolir les camps marxistes ? Encore plus de marxisme ; pour abolir la paupérisation libérale ? Encore plus de libéralisme. La solution au problème qu'est l'Europe ? Encore plus d'Europe.

Cette Europe libérale compte un nombre record de chômeurs, de demandeurs d'emploi, de salariés précaires, de travailleurs au noir, de jeunes sans emploi, de gens mal ou pas ou plus soignés, de vieux miséreux, de cancéreux privés de chimiothérapie. Elle accumule aussi les morts par pollution, les cancers par empoisonnements de produits validés par sa bureaucratie, la généralisation des pathologies mentales avec leur terrible ribambelle d'antidépresseurs, d'anxiolytiques, de somnifères, de consultations thérapeutiques psychologiques ou psychiatriques remboursés par la Sécurité sociale – tous les gouvernants trouvant leur compte au citoyen endormi. Elle génère les consommations dures de drogues douces, l'usage des drogues dures, le tabagisme et l'alcoolisme. Elle remplit les prisons vidées faute de place. Dès lors, cette politique carcérale sans tête nourrit la délinquance qu'on sait dans un monde paupérisé où l'on présente l'argent comme un sésame social à des gens qui n'ont d'autres solutions pour y parvenir que d'alimenter les mafias.

Et que dire du terrorisme que les bien-pensants préfèrent qualifier avec leur vocabulaire de morale moralisatrice, leurs prêches de béni-oui-oui : barbarie, monstruosité, atrocité, sauvagerie, cruauté, férocité, inhumanité, plutôt que de se demander d'où il vient, ce qui l'a créé, quelles sont les conditions qui ont conduit à de tels comportements ? Il est tellement facile pour les tenants du libéralisme de droite et de gauche de se dédouaner de toute responsabilité dans la fabrication de ce nihilisme en relation avec le monde qu'ils produisent sans contre-feu depuis un quart de siècle !

Le terrorisme ? C'est eux, les autres. Pas nous. La droite estime que c'est dans la nature de l'islam d'être violent et qu'on n'y peut rien : c'est dans l'ADN de cette religion, il faut donc expulser les musulmans, « il faut interdire cette religion sur le territoire national », disent mêmes certains benêts de Riposte laïque ou de Les Républicains ; quant à la gauche, elle estime que le capitalisme est seul responsable, comme si la gauche ne l'était pas, elle aussi, quand elle est libérale et défend depuis vingt-cinq ans les mêmes idées que la droite, car ces idées produisent cet état de fait. De même, quand cette gauche est antilibérale, et qu'elle a les yeux de Chimène pour cette religion à laquelle elle pardonne tous ses excès. Dès lors, elle n'est plus l'opium du peuple, mais la dynamite avec laquelle l'Occident qu'elle abhorre va se trouver pulvérisé ainsi que le pensent Alain Badiou, l'ami de Mao, ou Edwy Plenel, l'ami de Villepin.

Or l'Europe libérale, c'est l'augmentation considérable de la paupérisation : les riches de plus en plus riches et de moins en moins nombreux, les pauvres de plus en plus pauvres et de plus en plus nombreux. Des imbéciles sont médiatiquement promus rois du monde parce que, avec le football, le cinéma, la télévision, le rap, le CAC 40, la chanson, ils peuvent dépenser sans compter pendant que d'autres les regardent avec envie du caniveau dans lequel ils croupissent.

*Le goût de la servitude volontaire*

La paupérisation abolit la dignité des démunis qui le sont toujours au regard des fortunes colossales que les médias leur montrent comme désirables : elle génère des envies et des envieux, donc des méchants, elle produit le ressentiment, donc des ressentimentaux, eux aussi méchants, haineux, violents, agressifs. Ceux-là passent à l'acte parce que l'école les a moins nourris que l'écran qui leur fait confondre le réel et le virtuel et les fait jouir devant leur console avec laquelle ils tuent, ils massacrent, ils torturent si facilement.

Dehors c'est dedans, dedans, c'est dehors ; le réel, c'est le virtuel, le virtuel, c'est le réel ; le sang pixélisé c'est le vrai sang, le vrai sang, c'est du sang pixélisé ; le cadavre sur l'écran, c'est le cadavre dans la rue, le cadavre dans la rue, c'est le même cadavre que celui de l'écran. L'abolition de ces frontières entre le réel et le virtuel, le nihilisme généralisé, les gens qui tiennent seuls les rênes du pouvoir depuis un quart de siècle n'en seraient pas comptables ? Et par quel étrange mystère ?

Depuis des années, malgré le matraquage médiatique, malgré le gavage politique, malgré l'indigestion de prétendues expertises de journalistes et d'éditorialistes, de politologues et de sondeurs, les Français disent régulièrement qu'ils ont (de justesse ou pas du tout...) contracté pour l'Europe libérale de Maastricht, mais qu'avec le temps, ils ont bien vu que ça n'était pas le paradis promis.

Philippe Val avait titré « Nationaux et socialistes » un éditorial de... *Charlie Hebdo* pour insulter les souverainistes ayant voté contre le traité européen en

2005 : nationaux et socialistes c'était, bien sûr pour dire nationaux-socialistes, ce qui donne, en allemand, *nazional-socialist*, donc, dans sa formule abrégée... nazi ! Voter « Non » au traité européen, c'était donc être nazi. Autrement dit, avoir voté « Oui » aux chambres à gaz, « Oui » aux fours crématoires, « Oui » à la déportation de millions de Juifs, « Oui » à l'extermination des handicapés mentaux, « Oui » à la destruction des Tziganes d'Europe, « Oui » à l'éradication des francs-maçons, des communistes, des Témoins de Jéhovah, « Oui » pour la guerre à toute l'Europe, « Oui » à une politique qui allait générer plusieurs millions de morts...

Il est bien évident que cette engeance qui vote « Oui » au traité européen est tolérante, la preuve, elle célèbre le « vivre-ensemble », elle aime les différences qu'elle souhaite cultiver, elle voue un culte au « Visage de l'Autre » et elle cite Levinas avec pamoison. Elle est encore plus tolérante, elle célèbre plus encore le vivre-ensemble, elle voue toujours plus un culte à la différence, elle chérit plus que jamais le Visage de l'Autre quand elle traite de nazi le pauvre électeur qui a trouvé que cette Europe qu'on lui a vendue en 1992 n'offrait pas en 2005 tout ce qu'on lui avait promis – pire : qu'elle accouchait même du contraire de la promesse ! Nazi celui qui se souvient et qui, dans la logique du contrat, souhaiterait reprendre ses billes et veut bien de l'Europe, évidemment, mais pas de sa formule libérale.

Car c'est aussi un coup magistral des communicants du « Oui » d'avoir réussi à faire croire que voter « Non » à l'Europe libérale, c'était être opposé à toute idée d'Europe ! Car il n'y aurait qu'une seule Europe : la leur, et une seule formule : sa version libérale. En dehors de ce plat unique, un infâme brouet, il n'y avait que nationalisme rance, « France moisie », pays nauséabond !

Bernard-Henri Lévy a traversé le dernier quart de siècle en héraut de ce camp-là. Ses nombreux articles témoignent : pour lui, il y a le camp du Bien, celui du « Oui » à Maastricht, qui est aussi celui du « Oui » aux guerres menées par les États-Unis en Irak et en Afghanistan, à Gaza et en Libye, au Mali et en Syrie, celui du « Oui » à Mitterrand et à Jospin, à Balladur et à Sarkozy, à Ségolène Royal et à DSK, à François Hollande et à Juppé. C'est le camp des intellectuels, des bons intellectuels, des vrais intellectuels, des seuls intellectuels.

Et puis il y a le camp du « Non » dans lequel on trouve les vichystes et les pétainistes, le Front national et Chevènement, le PCF et l'extrême gauche, les munichois et les collabos, les rouge-bruns et les antilibéraux, les opposants à la politique des États-Unis (le fameux « antiaméricanisme primaire »...) et les maurrassiens, « l'idéologie française » et le peuple ! Le camp du Mal. Les amis d'Auschwitz en quelque sorte. Les fameux nationaux et socialistes de son ami Philippe Val.

À coups de manichéisme et d'imprécation, le camp du Bien mit le feu partout où il put. Les journalistes versent l'essence, les médias portent le brandon, la télévision fait un spectacle de ces incendies. Mais si le peuple dit « Non », vraiment, on fait quoi ?

*Le miroir aux alouettes*

BHL a répondu dans *Bloc-Notes. Question de principe cinq*[1]. Il commence par dire : « Le peuple n'a-t-il pas, une fois qu'il s'est exprimé, par définition le dernier mot ? » Et, de fait, un démocrate normalement constitué répond : oui, en effet... Mais pas BHL qui poursuit ainsi : « À quoi le démocrate, le vrai [*sic*], répondra : "La démocratie c'est le peuple en effet ; la volonté, souveraine, du peuple ; mais le peuple peut errer [*sic*] ; sa souveraineté, s'égarer [*sic*] ; il peut, livré à lui-même [*sic*], se donner de mauvais maîtres et choisir, cela s'est vu ! de grands et petits Hitler [*sic*] ; alors, pour parer au danger, pour conjurer ce péril d'un emportement toujours menaçant, la sagesse des siècles [*sic*] a prévu des recours – à commencer par cette idée d'une assemblée d'esprits raisonnables [*sic*], supposés dépositaires d'une sorte de commandement supérieur [*sic*]". »

Morceau d'anthologie. BHL parle ici du Conseil constitutionnel qui annule huit articles de la loi Pasqua. Mais c'est une profession de foi politique. Au-delà de l'exemple, que faut-il comprendre ? Quand le peuple vote comme BHL, qui, n'en doutons pas, est, lui, un « vrai démocrate », il ne se trompe pas, il n'erre pas, il ne s'égare pas, il ne se donne pas un mauvais maître, il ne met pas un petit Hitler ou un grand Hitler au pouvoir. (Soit dit en passant, que serait un « petit Hitler » ? un concept de BHL politiquement intéressant qui oblige à penser ce qu'est une petite Shoah, un petit génocide, un petit camp de concentration, un petit antisémitisme, un petit four crématoire, une petite déportation, ce qui

---

1. Livre de Poche, 1995.

suppose un petit Pétain, une petite collaboration, un petit Vichy... L'analyse reste à mener.)

Mais quand le peuple ne vote pas comme BHL, il se trompe, il erre, il s'égare, il met Hitler, quelle que soit sa taille, au pouvoir, il se donne un mauvais maître. Il faut alors le remettre à sa place, ne pas l'écouter, et faire le contraire de ce qu'il a signifié par son vote. Le normalien agrégé de philosophie affirme que le peuple n'a pas le dernier mot quand il a voté : comment peut-on mieux signifier qu'on se moque bien de la véritable démocratie ? Qu'on aspire, comme tout bon philosophe qui se respecte quand il a été formaté Rue d'Ulm, comme Badiou qui est par plus d'un point son double, à une dictature dite de la raison, à un despotisme dit éclairé, à une tyrannie dite philosophique, à un césarisme dit de l'entendement qui, *in fine*, après exercice, se révèle tout bonnement dictature sans raison, despotisme sans Lumières, tyrannie sans philosophie, césarisme sans entendement ! BHL n'est pas par hasard, comme il le dit à longueur de livres, le disciple d'Althusser, marxiste emblématique des années 70. Le même BHL confesse un passé maoïste – Mao un jour, Mao toujours...

Ce qui lie toutes ces prises de position très hétérogènes (BHL l'althussérien avoue aussi, sans problèmes, être en même temps le disciple de Lacan, de Foucault, de Sartre, de Camus, de Barthes, d'Aron, de Levinas, de Derrida...), c'est la grande méconnaissance du peuple qui finit, comme toujours quand on ne le connaît pas, par un grand mépris, voire par une grande haine.

*Le miroir aux alouettes*

La gauche parisienne, la gauche mondaine, la gauche caviar, la gauche libérale (c'est la même...) a peur du peuple ; et comme toujours quand on a peur, on déteste. Le gaullisme de gauche « pue de la gueule » parce que le peuple « pue de la gueule » : il sent mauvais, il est sale, mal habillé, ringard, il est gros et gras, il parle fort, il ignore les règles du jeu mondain, il confond les couverts à poisson et ceux du dessert, il aime les couleurs criardes, il rit à gorge déployée, il fait du camping, il dit clairement ne pas aimer ce que cette gauche feint d'apprécier par snobisme de classe (la musique contemporaine, le cinéma d'art et essai, la cuisine japonaise, etc.), il aime ce qui crispe le bourgeois (la chanson populaire, le cinéma comique, les jardins ouvriers, etc.). Plutôt Jean Ferrat que Pierre Boulez, Jean Gabin que Jean-Luc Godard, la pomme de terre que le sashimi. Bourdieu a tout dit sur ce sujet dans *La Distinction*[1].

Le peuple, quand il était éduqué à l'école de la République selon les principes de Condorcet, quand les libéraux ne l'abrutissaient pas avec une télévision aux ordres de ses annonceurs, quand les mêmes ne le broyaient pas avec leurs médias corrompus et leurs sondages aux ordres, était plein d'un bon sens jamais pris en défaut. Dès 1935, George Orwell parle d'une *décence commune*, d'une *décence ordinaire* chez le peuple, et il a raison, ô combien !

Il ne s'agit pas de porter le peuple au pinacle, mais de lui donner sa juste place. Depuis un demi-siècle, avec ses jeux télévisés, son école démagogique, ses

---

1. Minuit, coll. « Le sens commun », 1979.

séries américaines, son consumérisme de masse, son Internet nihiliste, le libéralisme a transformé le peuple en populace : la populace, c'est le peuple quand il ne pense plus. Quand tout a été fait par les gouvernants pour qu'il ne pense plus, ils peuvent alors mieux le gouverner.

Mais le peuple existe toujours sous la crasse libérale. Admettons qu'il ait dit « Oui » à Maastricht en 1992 : pendant plusieurs années, il regarde ce qui advient, il constate ce qui est, il voit ce que ça produit, il réfléchit sainement; quand on lui demande son avis, il le donne; ainsi, il dit « Non » au traité en 2005, ce qui revient à dire qu'il a compris qu'on l'avait floué.

Que font les gouvernants ? Ils lui infligent pourtant, encore et toujours, une fois de plus, et davantage si possible, le clystère refusé. En mai 1981, le peuple a voulu Mitterrand; il l'a obtenu; il a regardé, il a vu; aux législatives suivantes, il a fait savoir qu'il n'en voulait plus : Mitterrand est resté. En 1988, ne voulant plus de ce libéralisme qu'on lui servait depuis 1983, il n'a plus eu le choix qu'entre une version énervée du libéralisme, celle de Chirac, et une version placide du même libéralisme, celle de Mitterrand, le peuple a choisi la placidité. Aux législatives suivantes, etc. Chacun connaît l'histoire. Je l'ai rappelée quelques pages en amont.

De sorte qu'on voit bien que le peuple donne son avis, mais que ceux qui nous gouvernent, droite et gauche confondues, s'en moquent éperdument. Les intellectuels de Cour théorisent ce mépris du peuple. Ils ont vingt-cinq siècles de retard et récitent sans discontinuer les mantras du philosophe-roi ou du roi-philosophe de Platon.

En 1794, dans *Du système de dépopulation ou La vie et les crimes de Carrier*, sous la Convention thermidorienne, Gracchus Babeuf a formé le beau mot de *populicide* pour qualifier le génocide vendéen perpétré par Robespierre et les Jacobins. Ce mot pourrait reprendre de la vitalité pour qualifier ce que les libéraux de droite et de gauche, affublés de leurs intellectuels organiques, ont obtenu avec leurs machines de guerre – médias en général et télévision en particulier, école à leur main, édition à l'avenant...

Pour finir, j'aimerais qu'on cesse également de rappeler tout le temps que Hitler étant arrivé légalement au pouvoir, c'est le peuple qui est responsable tout seul de cette élection. Cette remarque cache toujours, en pointillés, une critique de la démocratie authentique. Car, parmi tant d'autres intellectuels, artistes, poètes, écrivains, les écrits du penseur Ernst Jünger n'y ont pas peu contribué; ceux du philosophe Martin Heidegger non plus; ceux du professeur de droit Carl Schmitt également; ceux, un temps, du psychanalyste Jung également; ni ceux du poète Gottfried Benn; ou de l'historien (juif!) Ernst Kantorowicz.

Il faut lire l'ouvrage de Max Weinreich, *Hitler et les professeurs*, publié en Allemagne dès 1946, pour mesurer combien, en dehors des grands noms, l'élite a joué un rôle majeur dans la construction, la teneur, l'être et la durée du national-socialisme allemand. Weinreich montre combien l'anthropologie physique et culturelle, la philosophie, l'histoire, le droit, l'économie, la géographie, la démographie, la théologie, la linguistique, la médecine, la biologie, la physique ont contribué à cette entreprise de mort mondiale. Les noms des gens impliqués dans ces disciplines constituent une litanie ! Comment le peuple aurait-il pu penser sainement quand ses élites affichaient cette dégradation mentale et intellectuelle, morale et spirituelle ?

En démocratie, la souveraineté se trouve clairement dans le peuple. Pour donner une forme à cette souveraineté, le général de Gaulle a conçu la Constitution de 1958, la V$^e$ République et l'élection du Président au suffrage universel direct à deux tours. Il voulait ainsi que le peuple décide qu'une personne incarne la souveraineté. Il souhaitait pour ce faire qu'un premier tour permette la diversité des expressions. Il désirait qu'au deuxième tour le plus capable de rassembler sur son nom soit élu, partant du principe que gouverner la France, c'est rassembler les Français et qu'au minimum, pour montrer sa capacité à réaliser cette communauté une fois à la tête de la nation, il fallait pouvoir le faire une fois pendant la consultation électorale.

Cette mécanique a sa vertu dans un monde idéal : celui où priment la France, l'intérêt général, le souci du bien public, l'aspiration à la grandeur d'un peuple, d'un pays, d'une nation. Dans un monde où l'idéal a cessé d'exister, il n'existe plus que combines et petits arrangements cyniques pour accéder au pouvoir ou s'y maintenir. Quand la droite libérale et la gauche libérale s'unissent pour contrer le Front national (parti qu'ils n'interdisent pas, donc qui est républicain, à moins que ce front républicain, lui, ne soit pas républicain...), ils n'expriment plus que l'ancien gouvernement des partis. Le peuple ne s'y retrouve pas ; le peuple ne s'y retrouve plus.

# 6

# La machine à fabriquer des abrutis

## *La propagande médiatique*

En 1928, Edward Bernays, le neveu de Freud, publie *Propaganda*[1], sous-titré *Comment manipuler l'opinion en démocratie*. Dans ce texte ultracynique, celui qui commença une carrière de journaliste, puis fut un temps agent de célébrités, Nijinski et Caruso entre autres, analyse les mécanismes de la « fabrique du consentement ». Il n'y va pas par quatre chemins. Voici la première phrase de son livre programmatique : « La manipulation consciente, intelligente, des opinions et des habitudes organisées des masses joue un rôle important dans une société démocratique. Ceux qui manipulent ce mécanisme social imperceptible forment un gouvernement invisible qui dirige véritablement de pays. Nous sommes pour une large part gouvernés par des hommes dont nous ignorons tout, qui modèlent nos esprits, forgent nos goûts, nous soufflent nos idées ».

Cette infime minorité qui gouverne les masses se sert des partis politiques qui surgissent en même temps que

---

1. Zones, 2007.

la démocratie et qui s'associent aux médias : suite à l'impossibilité de conserver le modèle autocratique féodal, et dans le dessein d'« organiser le chaos », selon l'expression de Bernays, il faut pour les forts réunis, mais vaincus, annuler ce que les faibles rassemblés et vainqueurs ont pourtant obtenu : la souveraineté populaire.

Il n'est pas étonnant qu'en France la chute de la monarchie coïncide avec la naissance de ce que l'on ne nomme pas encore des partis mais qui sont des sections, des clubs, soutenus par des organes de presse. Le pouvoir du peuple au peuple par le peuple fut un miroir aux alouettes ; il n'y eut que confiscation de ce pouvoir par ceux qui ont alors prétendu parler pour le peuple, en son nom. La propagande est le maître mot des partis et de la presse qui constituent l'avers et le revers de la même médaille. Les deux laissent croire aux formes de la démocratie mais, dans le fond, ils travaillent à un régime autoritaire, tyrannique, dictatorial.

La propagande « revient à enrégimenter l'opinion publique, exactement comme une armée enrégimente les corps de ses soldats ». Bernays montre combien ses techniques procèdent du temps de la Première Guerre mondiale, alors que les gouvernants devaient mobiliser la population pour justifier, légitimer, financer, recruter de quoi faire cette guerre – donc, hier comme aujourd'hui, vendre des armes, obtenir des marchés, faire fonctionner les usines, dégager d'immenses bénéfices.

Bernays demande : « Qui sont les hommes qui, sans que nous en ayons conscience, nous soufflent nos idées, nous disent qui admirer, et qui mépriser, ou ce qu'il faut penser de la propriété des services publics, des tarifs douaniers, du prix du caoutchouc, du plan Dawes [on pourrait substituer aujourd'hui : du traité constitutionnel européen...], de l'immigration ? qui nous indiquent comment aménager nos maisons et comment les meubler, quels menus doivent composer notre ordinaire et quel modèle de chemise il est de bon ton de porter ? ou encore les sports que nous devrions pratiquer et les spectacles que nous devrions voir, les œuvres de bienfaisance méritant d'être aidées, les tableaux dignes d'admiration, les argotismes à glisser dans la conversation, les blagues censées nous faire rire ? » Quel lecteur pourra dire que ce texte de 1928 a cessé d'être d'actualité ?

L'auteur répond : les hommes politiques, le président de la République et les ministres, les députés et les sénateurs, les responsables des chambres de commerce, les chefs d'entreprise, les responsables des syndicats, les patrons de presse, « les cinquante écrivains les plus lus », les producteurs de cinéma et de théâtre en vue, les arbitres de la mode, les autorités religieuses, les présidents d'université et leurs professeurs les plus brillants, les financiers, les banquiers, les sportifs médaillés, autant de fabricants d'opinion qui ont été eux-mêmes déjà formatés à ces opinions par de plus puissants qu'eux : ceux-là constituent un cabinet de l'ombre.

« Si, selon la formule consacrée, tel candidat à la présidentielle a été "désigné" pour répondre à "une immense attente populaire", nul n'ignore qu'en réalité son nom a été choisi par une dizaine de messieurs réunis en petit comité ». Toute ressemblance avec l'actualité serait purement fortuite.

Bernays parle de la démocratie, mais il l'exècre, comme tous ces gens qui n'aiment le peuple qu'en coupe réglée, le doigt sur la couture du pantalon. Il écrit : « La voix du peuple n'est que l'expression de l'esprit populaire lui-même forgé pour le peuple par les leaders en qui il a confiance et par ceux qui savent manipuler l'opinion publique, héritage de préjugé, de symboles et de clichés, à quoi s'ajoutent quelques heureuses formules instillées par les leaders ». Il s'agit donc, *via* la propagande, d'abolir la démocratie véritable en faisant désirer par le peuple ce qui assurera sa mutilation. Le peuple ne sait pas vouloir librement ; il faut donc vouloir pour lui. BHL et les siens récitent la même leçon.

Pour le neveu de Freud et ses disciples contemporains, il s'agit donc de conduire la victime de la propagande là où le publiciste veut la mener : elle doit *consentir*. Consentir à acheter un produit – une lessive ou une voiture, un téléphone portable ou une télévision, un vêtement ou un aliment, un livre ou un disque ; consentir à adopter une mode – les cheveux longs d'hier ou la barbe hipe d'aujourd'hui, le pantalon à pattes d'éléphant de jadis et le tee-shirt siglé du moment, la gomina du XX$^e$ siècle ou le gel du XXI$^e$, le chignon antédiluvien ou le crâne rasé postmoderne, la trottinette pour les enfants dans les années 50, la même pour les adultes du jour ; consentir à adopter un style de vie

*La machine à fabriquer des abrutis*

– garder les moutons au Larzac dans les années 70 ou faire de Tapie le héraut de la gauche dans les années 80, se faire altermondialiste dans les années 90 ou veiller à sa trace carbone avec ses toilettes sèches et son éolienne perso en 2016 ; consentir à l'idéologie – communiste après-guerre ou mitterrandienne avant mai 1981, libérale et « socialiste » avec « Vive la Crise ! » ou libérale sans socialisme avec Macron, baba-cool après Mai ou bourgeois-bohème après 83, peace and love sous Giscard et va-t-en-guerre sous Hollande ; consentir aux lieux communs de l'époque – la faucille et le marteau après la Libération chez les intellectuels parisiens ou, chez les mêmes, mais deux décennies plus tard, l'anticommunisme aronien, le péril jaune dénoncé par Céline dans les premières lignes de *Rigodon*[1] ou le génie du Grand Timonier célébré à Saint-Germain-des-Prés à la même époque par Sollers, Barthes, Milner, Miller, Kouchner et tant d'autres, les chars russes à Paris avant les socialistes au pouvoir (1981-1983) et la panacée libérale chez les socialistes à l'époque de Reagan et Thatcher ; consentir aux mots à la mode – vachement quand j'étais en terminale, 1976, super ou génial plus tard, chebran ensuite, bolos aujourd'hui, avant de nouveaux mots ce soir ; consentir à l'effacement du réel par la rhétorique du moment – non plus, dans le temps, clochard, femme de ménage, chômeur, Noir, maghrébin, homosexuel, lesbienne ou transsexuel, Juif, mais, de nos jours, SDF, technicienne de surface, demandeur d'emploi, black, beur, LGBT, feuj ; consentir aux

---

1. Gallimard, 1969.

spiritualités, pensées et lieux communs du jour – catholiques sous René Coty et antichrétiens version maçonnique sous Valls, antisémites en 40 et philocoraniques en ce début du XXIe siècle (en ma présence sur un plateau de Canal+, Alain Juppé, normalien, agrégé de lettres, énarque, diplômé d'études politiques, Premier ministre honoraire, ancien ministre des Affaires étrangères françaises, qui avoue n'avoir jamais lu le Coran, mais qui estime tout de même que c'est un livre de paix, de tolérance et d'amour). Etc.

La liste pourrait être longue de ce que la plupart croient librement acheter, librement penser, librement croire, librement dire, alors qu'ils sont formatés à acheter, conditionnés à penser, déterminés à croire, contraints à dire. Le bon sens n'est pas, n'est plus, la chose du monde la mieux partagée.

Le bon sens fut probablement la chose du monde la mieux partagée, pour reprendre les mots de Descartes, quand l'école apprenait à lire, à écrire, à compter, à penser et qu'elle ne contraignait pas à penser ce qu'il faut penser, à savoir la guimauve du politiquement correct. Jadis, les leçons de morale apprenaient l'existence d'autrui, sans souci de sa couleur ou de sa religion ; elles enseignaient l'articulation des droits et des devoirs, et non la religion du droit sans devoir ; elles donnaient le goût des valeurs universelles, et non celui des particularismes ethniques, raciaux, des mots interdits quand ils ne sont pas utilisés par quiconque en fait un usage communautariste et gourmand ; elles expliquaient que chacun était pris dans un maillage social, la famille avec ses ancêtres, les compagnons d'atelier, les compatriotes vivant dans un même pays, les membres du village, et non l'égotisme, l'individualisme, l'égoïsme ou l'égocentrisme en vertu desquels le monde, que dis-je ? l'univers tournent autour de sa petite personne et de ses petits problèmes.

L'héritage de la Révolution française n'était pas alors, comme sous Mitterrand lors du bicentenaire de 1989, l'occasion d'un défilé sur les Champs-Élysées organisé par les publicitaires et les stylistes, les chorégraphes inspirés par la BD et les scénographes avec leurs tics de ce que l'on appelait, jadis, la réclame, mais l'opportunité de célébrer encore des vertus acquises par 1789 : la Liberté qui n'est pas licence de chacun contre tous ; l'Égalité qui n'est pas égalitarisme de tous par le bas, mais aristocratisation de chacun par le haut ; la Fraternité qui n'est pas tropisme tribal ou repli sectaire, mais communauté nationale – la nation, rappelons-le, ayant été inventée à Valmy le 20 septembre 1792 et pas par un obscur Conventionnel qui aurait, le lendemain, fait par avance le jeu du Front national...

Quand le peuple était éduqué à l'école de la République, il n'était pas populace, ce qu'il est trop souvent devenu depuis que les enfants passent beaucoup plus de temps devant un écran, de télé ou d'ordinateur, de téléphone portable ou de jeu vidéo, de tablette ou de cinéma, qu'en présence d'un enseignant.

Les enfants, mais pas seulement. Car il faut compter également avec les adultes qui ne le sont pas devenus (un idéal pour les gouvernants de tous les temps...) et qui sont eux aussi des adeptes de cette civilisation du pixel aux antipodes du discours expert de l'instituteur ou du professeur, voire, jadis, du journaliste quand il était autre chose qu'un appointé du système libéral qui le nourrit.

Soucieux d'analyser les effets de la télévision sur la santé publique, le neurologue Michel Desmurget a effectué un terrible calcul sur le temps passé en moyenne dans une vie devant la télévision. À partir des analyses de Médiamétrie, il donne les chiffres suivants : un spectateur type, âgé de plus de 15 ans, passe 3 h 40 par jour devant son poste. Le chercheur à l'INSERM calcule que cela équivaut à 20 à 25 % de notre temps de veille et 75 % de notre temps libre ; soit 1 338 heures par an, autrement dit 56 jours, presque deux mois. En tablant sur une vie d'octogénaire, cela correspond à 11 années passées, soit 4 000 jours, devant le petit écran, et tout cela en dehors du temps consacré à regarder des vidéos, des DVD. Ce calcul devient plus sidérant encore quand on comprend que cela correspond à 77 milliards d'heures perdues chaque année par les Français, soit à peu près toutes les heures vécues en un an par 9 millions d'individus.

Quand on considère la population âgée de moins de 15 ans, les chiffres sont les suivants : dans le primaire, un enfant passe 864 heures de son temps annuel devant son instituteur, mais 797 devant sa télévision. Les chiffres ont été donnés par Xavier Darcos, alors lui-même ministre de l'Éducation nationale. Entre 4 et 14 ans, hors visionnage de vidéo, un enfant passe 2 h 11 par jour devant son poste. Cela également hors temps passé avec l'écran de son téléphone mobile ou celui des jeux vidéo.

*La machine à fabriquer des abrutis*

Chacun sait qu'en régime libéral la télévision n'est pas un instrument d'éducation populaire, comme elle le fut à ses débuts sous un de Gaulle que la gauche présentait comme fasciste. La formule contemporaine a clairement et cyniquement été donnée par Patrick Le Lay[1], P-DG de TF1.

Citons-le avec soin, même longuement, pour éviter de lui faire dire ce qu'il n'aurait pas dit : « Il y a beaucoup de façons de parler de la télévision. Mais dans une perspective *business*, soyons réaliste : à la base, le métier de TF1, c'est d'aider Coca-Cola, par exemple, à vendre son produit. Or, pour qu'un message publicitaire soit perçu, il faut que le cerveau du téléspectateur soit disponible. Nos émissions ont pour vocation de le rendre disponible : c'est-à-dire de le divertir, de le détendre pour le préparer entre deux messages. Ce que nous vendons à Coca-Cola, c'est du temps de cerveau humain disponible.

« Rien n'est plus difficile que d'obtenir cette disponibilité. C'est là que se trouve le changement permanent. Il faut chercher en permanence les programmes qui marchent, suivre les modes, surfer sur les tendances, dans un contexte où l'information s'accélère, se multiplie et se banalise.

« La télévision, c'est une activité sans mémoire. Si l'on compare cette industrie à celle de l'automobile, par exemple, pour un constructeur d'autos, le processus de création est bien plus lent ; et si son véhicule est un

---

1. *Les Dirigeants face au changement*, Éditions du Huitième Jour, 2004.

succès, il aura au moins le loisir de le savourer. Nous, nous n'en aurons même pas le temps !

« Tout se joue chaque jour, sur les chiffres d'audience. Nous sommes le seul produit au monde où l'on "connaît" ses clients à la seconde, après un délai de 24 heures. »

La chose a le mérite d'être clairement dite : la télévision sert à vendre des produits publicitaires ; les annonceurs font la chaîne, la chaîne doit rendre à l'annonceur qui la rend possible un bénéfice sur son investissement ; le contenu de la chaîne vise donc à faire la place nette dans le cerveau du téléspectateur ; par conséquent, pas question de le rendre intelligent, de le faire réfléchir, de le distraire avec des spectacles qui en appellent à sa culture et à son savoir qui se trouveraient ainsi augmentés ; la chaîne, ainsi, choisira le divertissement et la détente et, pour ce faire, elle cherchera à reproduire ou à donner de l'écho à ce qui marche déjà, pas question, donc, d'inventer, de créer, de produire en prenant des risques : copier les chaînes commerciales américaines suffira ; l'audience fait la loi, la mémoire est inutile, nul besoin, alors, d'y renvoyer. En définitive, TF1 a pour ennemis clairement déclarés : la raison, l'intelligence, le savoir, la culture, la mémoire, l'histoire.

Afin de parvenir à leurs fins, il s'agit tout simplement pour les dirigeants de la chaîne privée d'inverser les choses : pas de raison, mais de la déraison – au choix : bêtise, folie, hystérie, sottise, idiotie, etc. ; pas d'intelligence, mais des passions basses : violence et sexe, scatologie et sarcasme, rire gras et eau de rose, déguisements et cotillons, travestissements et ritournelles pitoyables, névroses personnelles exhibées sous couvert d'humour ; pas de savoir, mais de l'ignorance – nul besoin d'avoir une culture, un bagage intellectuel, car, en ce qui concerne la matière grise, on s'adresse au plus petit dénominateur commun, trois neurones suffisent ; pas besoin de mémoire donc, pour quoi faire ? Ni de connaissance historique : à quoi bon ?

Pour obtenir un maximum de gens devant leur écran au moment où la publicité pour Coca-Cola est envoyée, il faut donc un programme qui retienne les gens affalés dans leur canapés : il suffit de zapper, n'importe quel jour, à n'importe quelle heure en soirée, pour voir les images qui apparaissent à l'écran : des scènes de crimes, de meurtres, de carnage, des gens qui tuent et d'autres qui se font tuer, des armes à feu qui crachent la mort, du sexe brutal, de la chair sans âme, des cris, des larmes, des scènes de guerre, des cascades bruyantes et des effets spéciaux sidérants, de la science-fiction avec scénarios apocalyptiques de fin du monde, des univers en sursis attaqués par des ennemis venus d'ailleurs, des guerres bactériologiques, des explosions nucléaires, des invasions de créatures d'outre-monde. Du sang, du sexe et de la mort.

Quand ça n'est pas ce registre, c'est la mise en abyme de la vie minable du téléspectateur qui se trouve transformé en héros, bénéfice narcissique assuré : tomber amoureux, se marier, acheter une maison, faire des enfants, se tromper, divorcer, vendre la maison, se battre pour la garde des enfants, tomber en déprime, retrouver un partenaire, tomber amoureux, vivre ensemble, refaire des enfants, etc. « Ciné famille », dit la rubrique dans laquelle ce genre de chose se trouve classé. Du banal comme si c'était du merveilleux.

Sous prétexte de divertissement, il faut compter également sur des distractions bien grasses, des chansons de salle de garde, les multiples variations sur la danse des canards, « La Zoubida » de Lagaf' ou « Quand il pète il troue son slip » (oui, oui, ça existe...) chantée par Patrick Sébastien, les perruques vertes et les tartes à la crème, les jeux de mots scabreux et les plaisanteries scatologiques de Cyril Hanouna et de son équipe hilare sur commande. Du glaireux comme l'un des beaux-arts.

Où l'on voit que TF1 donne la mesure à toutes les autres chaînes, car si le cynisme y était circonscrit, pourquoi pas : c'est une chaîne privée, elle fait ce qu'elle veut de son argent. Personne n'est obligé de la regarder.

Mais comme elle capitalise les records d'audience, donc l'argent, les chaînes publiques se mettent à sa remorque et l'imitent pour tâcher d'obtenir elles aussi des succès d'audimat du même acabit.

J'en veux pour preuve qu'un cameraman qui officiait jadis au journal de 20 heures sur France 2 me fit un jour, sur le plateau d'une émission dite culturelle, la confidence qu'en régie, pendant le journal, le rédacteur en chef du service public regardait TF1 pour modifier le déroulé de cette demi-heure, le chemin de fer écrit en amont, afin de mieux sucer la roue de la concurrence libérale. C'est donc l'argent qui fait la loi à TF1 et TF1 qui fait la loi dans le service public. Par conséquent, l'argent fait désormais la loi à peu près partout où l'on invite les « bons clients » capables de débattre, ceux qui ont de la repartie, qui font le spectacle, au détriment, je le sais, de gens qui, moins bateleurs, mais plus et mieux informés, ne se trouvent jamais invités.

La télévision entretient avec la presse écrite des relations de client à prostituée. Une fois, l'un fournit la chair vénale à l'autre ; une autre, c'est l'inverse. La presse dite libre fait la plupart du temps la loi seule : à part quelques journaux anticapitalistes ou antilibéraux, souvent confidentiels, *Libération*, *Le Figaro*, *Le Monde*, *Le Point*, *L'Express*, *L'Obs* vendent peu ou prou le même monde avec des différences à la marge. On fait semblant d'être opposés, mais le propos reste le même : l'argent faisant la loi chez eux aussi, il le fait dans l'ordre des prescriptions. Ce monde fait l'éloge de ce qui le rend possible : le monde libéral dans lequel le marché fait la loi – et rien d'autre.

Toute cette presse tire la charrue dans le même sens : éloge de l'euro et de l'Europe libérale, célébration des marchés libres et de la dérégulation, invitation à la révision du droit du travail et au remboursement de la dette comme horizon indépassable de la politique, stigmatisation des fonctionnaires et religion de l'entreprise, aujourd'hui intensification des frappes sur l'État islamique (une bénédiction pour les marchands d'armes qui sont aussi, comme par hasard, les actionnaires de certains journaux...) et instauration de l'état d'urgence.

Il me plaît de rappeler ici que ces journalistes, qui si souvent fustigent les fonctionnaires, font l'éloge de la libre entreprise, sont des dévots de la religion du marché libre, communient dans la beauté du geste entrepreneurial, frétillent devant le héros qui sait prendre des risques, n'ont pas de mots assez durs contre les « assistés » ou les « profiteurs » que sont les pauvres gens qui bénéficient du chômage ou de l'allocation logement, méprisent les syndicalistes coupables de défendre les droits acquis, sont ceux qui, sans le chèque de l'État qui les porte à bout de bras, mettraient sous la porte la clef de leur journal qui n'existe que subventionné par le contribuable.

Si ces libéraux-là voulaient être crédibles quand ils invitent les Français de base à faire des efforts, autrement dit à se serrer la ceinture pour sauver la France, ils commenceraient par eux et leurs supports. Voici les chiffres : *Le Figaro*, 15 255 723 euros, arrive en tête talonné par *Le Monde* avec 13 083 210 euros d'argent du contribuable. Suivent : *Le Parisien* 14 018 481 ; *Ouest France*, 8 228 906 euros ; *La Croix*, 8 322 481 euros ; *Télérama*, 7 091 535 ; *Libération*, 7 979 172 euros ; *L'Humanité*, 5 963 715 ; *L'Obs*, 5 201 552 euros ; *L'Express*, 4 982 603 euros. Mais, en regard de l'aide par numéro, *L'Humanité* arrive en tête : pour un exemplaire vendu 1,40 euro, l'État donne 0,53... À quoi il faut ajouter, sans raison autre que la politesse faite à un partenaire électoral, l'effacement de sa dette par l'État français en 2013, sur l'initiative du gouvernement Ayrault, sous Hollande : 4 086 710 euros extraits du porte-monnaie du contribuable ont été offerts au journal communiste.

Aide au pluralisme de la presse, dit le ministère de la Culture qui fournit ces chiffres pour 2015. Il s'agit en effet, selon la rue de Valois, de «garantir la liberté de la presse et conforter les conditions de son pluralisme». Entendu. Mais alors, qu'est-ce qui justifie que *Télé 7 Jours* reçoive 4 727 716 euros ou que *Le Journal de Mickey* obtienne quant à lui un demi-million ? Pluralité de la presse ? Diversification des supports ? *Libé* et *Mickey*, même combat ? Pas faux...

On remarquera que, sauf *L'Humanité*, tous ces journaux ont pris le parti du «Oui» au référendum de Maastricht ; tous ont soutenu l'effacement du référendum de 2005 par le Congrès... Ajoutons qu'au bout du compte, quand il faut voter pour élire un président de la République ou un patron de région, sinon un maire ou un conseiller général, *L'Humanité* finit toujours par appeler à voter pour ceux qui ont voté «Oui» à Maastricht. Courageux les communistes, mais pas téméraires...

Comment peut-on encore parler de liberté de la presse ? La télévision n'existe que par les annonceurs privés qui font la loi ; l'argent est le maître mot de cette entreprise ; les télévisions s'alignent toutes sur la jurisprudence TF1. TF1 ? C'est Coca-Cola, pour le dire avec les mots du patron de la chaîne. Quant à la presse écrite, elle n'existerait pas si, comme toute entreprise de base, ma boulangerie ou ma poissonnerie par exemple, elle ne devait vivre, en toute bonne logique, que de ses ventes. La presse écrite, libérale à souhait quand elle donne des leçons aux pauvres, est «assistée» et fait partie des «profiteurs» qu'elle stigmatise à longueur de numéros. L'État est à la presse écrite ce que Coca est à la télévision : un maître qui soumet ses sujets.

Que cette presse libérale, qui invite aux *réformes*, autrement dit au saccage du droit pour les plus modestes, commence par elle : qu'elle renonce à ces aides faramineuses, à ses passe-droits, à ses niches fiscales, à ses arrangements avec le pouvoir, à ses accommodements avec Bercy : les tarifs postaux privilégiés, l'aide ministérielle à la diffusion, les aides fiscales, les aides sociales, les abattements pour la sécurité sociale des journalistes côté entreprise, les abattements pour les impôts côté journalistes, les aides à l'étranger, les aides à la modernisation... Ensuite, on verra.

À l'heure du Net, la presse écrite n'est globalement lue que par les journalistes de radio et de télévision qui fournissent ainsi des sujets aux gens du papier : le portrait de dernière page de *Libération* génère une invitation à France Inter, à moins que ce ne soit l'inverse ; un compte rendu du *Monde* vaut sésame pour une table ronde à France Culture ; un livre chroniqué dans *L'Obs* permet à son auteur d'aller sur un plateau de télévision. La revue de presse radio semble être la seule à pouvoir encore justifier l'existence de la presse papier.

Je ne parle pas des éditorialistes qui donnent la bonne nouvelle dans leur hebdomadaire ou leur quotidien et que l'on voit ensuite dire la même chose à une émission politique à la télévision, qui ressassent et recyclent à la radio, et ce à longueur de semaines et d'années. Michel Polac en son temps ne voyait aucun inconvénient à monnayer trois fois sa chronique :

une première fois sur le papier à *Charlie Hebdo*, une deuxième fois à la radio à France Inter, une troisième fois à la télévision, sur France 3, chaîne du service public, à « Qu'est-ce qu'elle dit Zazie ? ».

Aujourd'hui, Christophe Barbier passe de *L'Express* qu'il dirige et dans lequel il rédige un édito repris sur le site de son journal, à « C dans l'air » (où il a été invité 39 fois en 2010), puis au Grand Journal de Canal+ où il commente l'actualité toutes les semaines, sans oublier hier LCI, aujourd'hui i-Télé, chaîne dans laquelle il présente un édito pendant la matinale suivi d'une interview. Ainsi, la bonne parole libérale, maastrichtienne, dérégulatrice, culpabilisante pour les pauvres et silencieuse pour les parachutes dorés, ne manque pas de relais.

Il en va de même avec Laurent Joffrin, l'un des éditocrates les plus actifs dans le paysage audiovisuel français depuis des années. Cet homme qui a commencé chez Chevènement, un « pétainiste de gauche », selon son ami BHL, est l'un des serviteurs les plus zélés du pouvoir libéral. Marine Le Pen et le Front national lui doivent beaucoup. Ce parti prétendument honni par lui ne serait pas si haut en France sans son zèle et son ardeur à nourrir ce qui le rend possible.

Serge July, qui a été du premier *Libération*, avec Sartre, a voulu droitiser le journal dans les années Mitterrand. Joffrin fut l'homme de ce forfait. Il dit : « On a créé le service économique avec Pierre Briançon. Serge July avait un projet de transformation symbolique du journal, concrétisé par la nouvelle maquette et un point de vue critique de la gauche. Il voulait doubler la gauche sur sa droite [*sic !*]. Le service économique était stratégique car on injectait du libéralisme. Je prenais des positions virulentes. Par exemple je disais : "Il faut accepter la hiérarchie des salaires." Nous étions l'aile moderniste, *tapiste*, disaient les méchants... On trouvait que Serge July n'allait pas assez vite, mais c'était utile pour lui d'avoir une droite. »

Pauvre chéri ! L'homme qui, juché sur son journal libéral subventionné par l'État, fait en continu des procès en sorcellerie et traite de fasciste, de vichyste, de pétainiste quiconque ne pense pas comme lui, n'accepte pas que les *méchants*, comme il dit, ainsi qu'un écolier après une bite au cirage, puissent dire de lui ce qu'il est : car *tapiste* s'avère exactement le terme pour qualifier ce qu'il fut à cette époque, ce qu'il est encore aujourd'hui et ce que vraisemblablement il sera jusqu'à la fin de ses jours.

*Tapiste*, autrement dit : pensant et agissant à droite, mais parlant à gauche, fasciné par l'argent et le pouvoir, pas regardant sur la morale, affairiste dans son monde, gouailleur culoté assénant partout ses contre-vérités comme des paroles d'Évangile, insultant et méprisant par incapacité à démontrer. En 1793, Fouquier-Tinville aurait adoré ce genre d'assistant.

Comment peut-on penser librement quand, de toute part, la vérité ne nous est pas présentée comme le résultat d'une recherche, le fruit d'une analyse, le produit d'une réflexion, mais comme l'épiphanie d'une révélation dont le journaliste est le Saint-Jean Bouche d'or ? Qui peut avoir assez de liberté, d'esprit critique, d'intelligence rebelle et libertaire, pour s'affranchir de journaux qu'il croit libres, de journalistes qu'il estime honnêtes, d'éditorialistes qu'il suppose sincères, lorsqu'il s'agit de se faire un avis ?

Car d'aucuns croient la parole de leurs journaux comme s'il s'agissait d'un catéchisme. Combien s'imaginent être des intellectuels au jugement libre qui attendent pour avoir un avis, non pas d'avoir lu le livre dont tout le monde parle, mais d'avoir pris connaissance de son compte rendu paru dans *Le Monde des livres*, dans le supplément de *Libération*, dans les pages culturelles de *Télérama* ou dans une rubrique des *Inrockuptibles* ? Sinon d'avoir écouté Pascale Clark ou Augustin Trapenard en parler sur France Inter ? Penser ce que pense l'autre parce que son support passe pour le summum de la bienséance intellectuelle ou politique, ça n'est pas penser mais dodeliner de l'intelligence.

Alors que, sauf exceptions qui se comptent sur les doigts d'une main, la presse matraque tout le monde en faisant l'éloge du libéralisme, de l'économie de marché et de la société qui va avec, comment le quidam pourrait-il disposer d'un jugement libre, sain, autonome, non corrompu ? Quelle intelligence peut sortir indemne de ce traitement que je dirais, je pèse mon mot : *totalitaire* ?

Ballotté dans une école où l'on n'apprend plus à penser mais à faire acte de présence, perfusé par la bêtise médiatique dès le plus jeune âge, noyé dans le bain du politiquement correct libéral, abreuvé du sirop de la bien-pensance à longueur de temps, quel héros pourrait survivre à pareil traitement ?

Spinoza écrivait à Schuller : « Les hommes se croient libres parce qu'ils ignorent les causes qui les déterminent. » Un journaliste qui ferait correctement son travail ne serait pas dans la récitation du catéchisme de ceux qui l'appointent, mais dans ce travail spinoziste qui consiste à se demander d'où viennent les choses afin de les expliquer.

Le renoncement à cette façon de procéder débouche sur une terrible confusion : quiconque essaie aujourd'hui de faire le travail spinoziste, ou celui, nietzschéen, de penser en terme de généalogie, passe pour un ami de son sujet, un défenseur de l'objet qu'il analyse ! Comme s'il fallait être un poulpe quand on fait une thèse sur les poulpes !

À penser le FN ou l'État islamique comme des objets de réflexion et non comme des objets transactionnels à détester, à piquer d'épingles, à consteller de crachats, je passe pour un défenseur de ce que je tente d'analyser ! Un journaliste digne de ce nom devrait faire un travail philosophique : non pas claironner : « Le Front national est une abomination sur laquelle il faut vomir » ; mais, s'il veut lutter efficacement contre ses idées : d'où vient ce parti ? Quels faits et gestes le nourrissent ? Quels sont ses aliments de prédilection ? Qui le rend possible ? Quelle est sa généalogie ? De quelles causes est-il l'effet ? Ce qui, à l'aide d'une récente mode issue du volapuk althussérien et lacanien descendant en droite ligne de Mai 68 et remis au goût du jour par Alain Badiou, se formulerait ainsi : de quoi le FN est-il le nom ? Même remarque avec l'État islamique : d'où vient-il ? Qui est-il ? Qui l'a rendu possible ? Quelles causes, nationales et internationales, expliquent cette chose comme effet ? Comprendre n'est pas excuser ; expliquer n'est pas valider. Analyser n'est pas bénir ; réfléchir n'est pas absoudre.

Jamais la morale n'a aussi peu compté, mais, simultanément, jamais, la *moraline* chère au cœur de Nietzsche, n'a autant fait la loi. La moraline, qui qualifie le poison de la morale moralisatrice, fait fi de l'analyse froide et logique, rationnelle et sans passion, pour laisser toute la place à la bénédiction ou à la damnation, à la sanctification ou à la diabolisation, à la béatification ou à la satanisation. Le libéralisme ? C'est bien ; c'est même *le* Bien. L'antilibéralisme ? C'est mal : c'est *le* Mal. L'Europe libérale ? C'est la seule Europe, et c'est bien, c'est *le* Bien. Marine Le Pen ? C'est mal, très mal, très très mal. « C'est caca », disent les enfants qui ont le mérite de n'avoir pas encore le cerveau adéquat pour penser la chose. La presse est le lieu de ces imprécations ; elle est devenue le tribunal inquisitorial de notre époque.

Cette presse n'est plus le quatrième pouvoir qu'elle était jadis quand le pouvoir exécutif, le pouvoir législatif et le pouvoir judiciaire existaient encore de façon autonome et souveraine. Dans nos temps d'obéissance libérale généralisée et de créance libérale obligatoire, la presse libérale subventionnée par l'État libéral déverse sur le citoyen le Bien qui est l'autre nom du libéralisme. Ne pas faire ces dévotions à ce Bien, c'est encourir les foudres de ce nouveau clergé du capital.

*Le miroir aux alouettes*

La propagande, si bien analysée par Bernays, fait aujourd'hui ouvertement la loi. Les propagandistes du Président ne se cachent même plus. On les appelle des conseillers en communication, mais il serait plus juste de dire qu'ils sont les conseillers chargés de la propagande. Substituer le mot communication à celui de propagande est un effet de propagande qui s'avère aussi un bon effet de communication.

Les idées du jour sont donc celles que fabriquent les faiseurs d'opinion, grassement payés, réellement ou symboliquement, par le pouvoir libéral pour lequel ils roulent. Tous ceux qui parlent de République et de démocratie, de droits de l'homme et de tolérance, de liberté et de vivre-ensemble, selon l'expression désormais consacrée, ne font que parler République, parler démocratie, parler des droits de l'homme...

Qu'on y regarde de plus près : quiconque parle de République est souvent peu républicain dans les actes, dans les faits et gestes ; quiconque a toujours le mot tolérance à la bouche tolère rarement au-delà de ce qu'il pense ; quiconque psalmodie sur tous les tons la ritournelle des droits de l'homme en est rarement le propagateur concret ; quiconque se gargarise de liberté ne la réserve qu'à celui qui fait partie de sa tribu. La propagande est parvenue à réaliser cet exploit qu'on ne juge plus les politiciens sur ce qu'ils font, mais sur ce qu'ils disent. À ce jeu-là, aidés et soutenus par les journalistes, gens de tribune et gens de presse maîtrisent à la perfection la langue de la propagande.

Ultime information : *Propagande*, le livre de Bernays, figurait en 1933 dans la bibliothèque de Josef Goebbels.

*La machine à fabriquer des abrutis*

Gageons que, de Jacques Séguéla à Gaspard Gantzer, *via* Manuel Valls qui fut le conseiller en communication de Lionel Jospin (le seul métier revendiqué dans sa biographie), les communicants post-modernes l'ont aussi dans leur bibliothèque.

# 7

# Ni dieu, ni maître

*Peut-on encore être athée ?*

Avant d'être une question politique, l'islam est pour moi un sujet religieux. Il paraît curieux d'avoir à le préciser, mais tout fonctionne en la matière comme si ça n'était plus désormais qu'un sujet politique : voile à l'école, droit au niqab, prière dans les rues, menus hallal à la cantine, sapins de Noël en péril dans les écoles, crèches interdites dans les mairies, banques coraniques, écoles privées musulmanes, caricatures de Mahomet, droit au blasphème, contrôle de police au faciès, puis, mosquées salafistes, radicalisation en prison, djihad français, enfin terrorisme islamiste sur le territoire national. Aujourd'hui, massacres dans les rues. La France vit désormais à l'heure de *ce* calendrier.

Dans mon *Traité d'athéologie*[1], en 2005, il y a donc plus de dix ans, j'ai posé la question sur ce terrain-là. Le sous-titre de ce livre était *Physique de la métaphysique*. J'y proposais une déconstruction matérialiste et athée du phénomène de la croyance. Depuis le Feuerbach de

---

1. Grasset.

*L'Essence de la religion*[1] ou de *L'Essence du christianisme*[2] qui montre que le religieux, puis la religion naissent de l'hypostase des faiblesses de l'homme investies dans une entité fictive nommée Dieu qui se trouve ensuite sollicitée *via* la prière par les hommes pour en obtenir la force; depuis le Marx de la *Contribution à la critique de La philosophie du droit de Hegel*[3] qui montre combien « la religion est l'opium du peuple » et « le soupir de la créature opprimée »; depuis le Nietzsche de *L'Antéchrist*[4] qui explique que le christianisme est le triomphe du ressentiment d'une religion qui hait la vie et les désirs, qui méprise les passions et la chair, qui chérit la mort et l'ascèse; depuis le Freud de *L'Avenir d'une illusion*[5] qui analyse la création de Dieu comme une fiction à partir de l'image du Père, il me semblait, si je puis dire, que la messe était dite en Occident.

La France a une longue tradition, sinon d'agnosticisme, du moins de déisme ou d'athéisme : de Montaigne le fidéiste du XVIe siècle qui avoue être chrétien parce que c'est la religion dominante en France et qui confesse qu'il serait tout aussi bien mahométan s'il habitait la Perse, au Sartre radicalement immanentiste de *L'Être et le Néant*[6], en passant par Descartes qui ne nie pas Dieu, mais en fait l'économie dans sa vision postchrétienne du monde, en passant encore par l'abbé Meslier, le

---

1. 1845.
2. 1841.
3. 1843.
4. 1895.
5. 1927.
6. 1943.

premier penseur athée digne de ce nom qui publie en 1729 un *Testament* dans lequel tout est dit, sans oublier les déistes Voltaire et Helvétius, Rousseau et Montesquieu, ou bien encore les athées Diderot et d'Holbach, il me semblait que la lutte contre l'obscurantisme religieux était en France inséparable de l'affranchissement réussi, abouti, achevé, du carcan judéo-chrétien. Ce fut le sens des quatre derniers siècles de philosophie française.

Le XXe siècle a été, dans notre pays, celui de la déchristianisation accélérée dans les mœurs, les lois et le droit : la pilule, la contraception, le divorce, l'avortement, le mariage homosexuel, la procréation médicalement assistée, aujourd'hui, la gestation pour autrui ou le séquençage du génome humain dans la perspective du génie génétique, tout cela montre que la religion chrétienne ne fait plus la loi en France.

Spirituellement, le pays est un désert mental, une forteresse vide, un château à prendre. J'ai, pour ma part, contribué à la proposition d'une sagesse athée et d'une spiritualité non religieuse avec un certain nombre de livres – une éthique avec *La Sculpture de soi*[1], une érotique avec *Théorie du corps amoureux*[2], une bioéthique avec *Féeries anatomiques*[3], une politique avec *Politique du rebelle*[4] ou *Le Postanarchisme expliqué à ma grand-mère*[5], ou bien

---

1. Grasset, 1993.
2. Grasset, 2000.
3. Grasset, 2003.
4. Grasset, 1997.
5. Galilée, 2012.

encore, récemment, une ontologie matérialiste avec *Cosmos*[1].

Comment en France, terre de mission déchristianisée, en est-on arrivé à se montrer d'une extrême violence envers les chrétiens et d'une grande tolérance avec toutes les autres religions ? Dont l'islam. Car ce qui fonctionne dans les grands textes de la pensée critique française à propos du christianisme est évidemment transposable à toutes les autres religions. Quel étrange autodafé mental, intellectuel, philosophique, spirituel, a eu lieu pour que, sur la terre de Voltaire, l'athéisme ne soit désormais toléré, voire encouragé, qu'à l'endroit du christianisme ?

Quand l'athéisme a pour objet le judaïsme, il est tout de suite fustigé comme antisémitisme et associé à l'habituelle ribambelle de références flétrissantes – Vichy, Pétain, Hitler, Auschwitz, la Shoah, etc.; quand il a pour objet l'islam, il est *illico* condamné, sous prétexte d'islamophobie. On peut donc faire subir les derniers outrages à la mythologie chrétienne, mais pas du tout aux mythologies juive ou coranique. Or, dans les trois cas, il s'agit de mythes, de fables et de fictions.

Chacun a le droit de souscrire aux histoires qu'il voudra et croire que Dieu peut ouvrir la mer en deux, laisser passer son peuple et la refermer derrière lui; qu'un buisson en feu peut parler; qu'il ne faut pas manger de homard parce qu'il a son squelette en dehors de lui; que les femmes sont impures quand elles ont leur règles. Ou bien : qu'un serpent peut dialoguer

---

[1]. Flammarion, 2015.

avec une femme; qu'un homme peut naître d'une épouse qui reste tout de même vierge bien qu'elle soit enceinte; qu'un individu de chair et d'os peut marcher sur l'eau, guérir les malades, ressusciter les morts, multiplier les pains, transformer l'eau en vin; qu'il peut ressusciter trois jours après avoir été crucifié et monter au ciel où il s'assied à la droite de Dieu. Ou bien encore: qu'un chamelier ne sachant ni lire ni écrire rédige un texte sacré pendant qu'un ange lui dicte la chose; qu'un prophète peut aller en une nuit de Jérusalem à La Mecque, soit deux mille kilomètres, avec son cheval en volant dans les airs; qu'il peut fendre la lune en deux; qu'il est capable de faire naître l'eau dans le désert; que les arbres le suivent; ou que les rochers lui parlent. Je n'ai rien contre ce genre de croyance. Libre à chacun de souscrire aux fictions qui le sécurisent plutôt qu'aux vérités qui l'inquiètent et le tourmentent.

Pour ma part, athée, j'ai choisi le chemin philosophique et la sagesse immanente, la voie des philosophes et celle de la pensée rationnelle. Je n'ignore pas l'existence de Moïse, de Jésus, de Bouddha, de Mahomet, de Confucius; mais je me trouve plus en adéquation avec le matérialiste Démocrite ou l'hédoniste Épicure, l'atomiste Lucrèce ou le sage Montaigne que chez les vendeurs de fables.

La question devient politique quand celui qui croit ne supporte pas qu'autrui ne sacrifie pas aux mêmes histoires que lui. Elle s'envenime quand, en vertu de cette logique impérieuse, il le persécute, le chasse, le pourchasse, l'emprisonne, le torture, le massacre, le tue, l'extermine. Elle culmine quand le croyant impose par la violence la foi qui est la sienne à tout un peuple.

J'écrivais dans mon *Traité d'athéologie* que j'en avais moins contre les agenouillés que contre les agenouilleurs. Pourquoi depuis un demi-siècle les agenouilleurs chrétiens sont-ils les cibles de prédilection de la gauche française, mais jamais ceux de l'islam qui officient en France et contreviennent chaque jour à la règle du jeu républicaine ? Pour quelles raisons a-t-il existé pendant si longtemps une tolérance absolue pour ceux qui, au nom de leur islam, ont clairement fait savoir qu'ils n'aimaient ni la République, ni la France, ni la Liberté, ni l'Égalité, ni la Fraternité, ni la laïcité, ni le féminisme ? Comment peut-on comprendre que ceux qui avancent leurs pions contre les Lumières disposent d'une voie royale quand ils procèdent au nom de l'islam ?

Car quiconque a fait savoir qu'il y avait dans le Coran un certain nombre de sourates dangereuses pour la République passait, et passe encore parfois, pour un islamophobe. J'y ai eu droit plus qu'à mon tour dans les médias français et sur le Net. Un temps je fus même classé dans le « Top Ten » des islamophobes français !

Aucun livre, en France, ne peut tenir ouvertement des propos homophobes, misogynes, phallocrates, antisémites, bellicistes sans se retrouver *illico* au tribunal – et c'est heureux. Pourquoi dès lors l'individu qui demande que les sourates homophobes (VII.81), misogynes (II.228), phallocrates (IV.34), antisémites (la *Sîra*, II.58-60), les sourates qui appellent au meurtre des non-musulmans (XVII.58) et justifient les tortures, ainsi le carcan (XXXVI), la noyade (XXXVII.82), la mutilation (LXVIII.15), l'égorgement (LXIX), la crucifixion (V.33), toutes choses que l'on trouve clairement énoncées dans le Coran, et qui paraissent peu de gauche, peu républicaines, peu laïques, peu progressistes, pourquoi, donc, celui qui demande que soient nettement et publiquement condamnées ces sourates est-il vu comme un islamophobe ? À moins que l'islamophilie ne se confonde avec l'homophobie, la misogynie, l'antisémitisme, etc.

La majorité des musulmans français vivent un islam culturel qui ne s'embarrasse pas d'une connaissance pointue des textes. Ni la lecture des hadiths du Prophète, ni celle de sa biographie, ni même celle du Coran ne sont exigées pour être musulman. Pour ceux-là, l'islam suppose l'observance, parfois à géométrie variable, des cinq piliers : le pèlerinage à La Mecque, l'aumône, les cinq prières par jour, le ramadan et l'affirmation que Dieu est Dieu et le seul Dieu. Rien qui oblige autrui à s'y conformer. Cette religion ne pose aucun problème à la République. Il faut même l'aider à exister en toute sérénité.

L'amalgame dénoncé par les bien-pensants est très étonnamment pratiqué par ceux qui croient que fustiger l'islam en contradiction avec la République, c'est fustiger tout l'islam, y compris, donc, celui qui est vécu dans le respect des lois républicaines.

Quand, comme lors de l'attentat de *Charlie Hebdo*, l'acte terroriste se trouve explicitement revendiqué par des musulmans aux cris d'«*Allahou akbar !* », ou : « On a vengé le Prophète ! », la police de la pensée somme d'éviter l'amalgame : « Ça n'a rien à voir avec l'islam », entend-on ! Ni avec Allah ? Ni avec le Prophète ? Ni avec l'islam ? Ni avec la religion musulmane ? Vraiment ? Avec quoi alors ?

Il n'existe pas un islam essentialisé, unique. Le croire, c'est succomber une fois encore au tropisme intellectuel français qui suppose plus vraies les idées que la réalité. Il existe des islams dont certains sont tolérants, la version soufie par exemple, ou les versions culturelles françaises, d'autres intolérants, la version salafiste ou la version wahhabite, chacun pouvant prélever dans le même livre, le Coran, des sourates contradictoires qui lui donnent raison.

L'un dit que l'alcool est interdit par le Coran (II.219) ; l'autre lui rétorque que c'est l'ivresse qui l'est (III.43), donc un certain type d'usage de l'alcool, et non l'alcool en tant que tel. Par conséquent, le premier ne supporte pas une goutte de liqueur dans un gâteau ; le second affirme qu'on peut boire raisonnablement et modérément. L'un ne supporte pas de s'asseoir à une table sur laquelle se trouve une bouteille de bière ; l'autre ne boit pas d'alcool... pendant le ramadan !

L'un cite les nombreuses sourates qui invitent à tuer, égorger, massacrer, torturer les incroyants, les infidèles, et justifie ses meurtres et ses crimes en citant le Coran qui dit : « Exterminez les incrédules jusqu'au dernier » (VIII.7), ou bien, concernant les mêmes : « Tuez-les partout où vous les trouverez » (IV.91) ; l'autre cite une autre sourate, du même Coran, qui affirme le contraire : « Celui qui a tué un homme qui lui-même n'a pas tué, ou qui n'a pas commis de violence sur la terre, est considéré comme s'il avait tué tous les hommes ; et celui qui sauve un seul homme est considéré comme s'il avait sauvé tous les hommes » (V.32). Le premier justifie et légitime l'attentat du Bataclan ; le second le condamne absolument – au nom du même livre.

L'un qui justifie les actes terroristes en France le fait en regard de cette sourate du Coran qu'il cite dans un communiqué émanant des médias de l'État islamique : « Nous jetterons l'épouvante dans les cœurs des incrédules » (III.151) ; l'autre, accablé par ce qui est advenu dans son pays au nom de sa religion, renverra pour ne justifier en aucun cas la terreur au nom de l'islam à cette autre sourate qui dit : « Pas de contrainte en matière de religion » (II.256).

L'un poursuit de sa haine et de sa vindicte quiconque l'offense en n'étant pas musulman, en ne l'étant plus, voire en l'étant mal selon son jugement : « Pas de pardon pour les incrédules » (IV.18) ; l'autre renverra à cette phrase dite par le Prophète lui-même concernant les mêmes incrédules : « Oublie leurs fautes et pardonne. Dieu aime ceux qui font le bien » (V.13).

Que faire devant ces contradictions ? Devant cette multiplicité de sourates dont l'une justifie une chose alors que l'autre justifie son contraire ? Que croire ? D'autant plus que le Coran dit lui-même : « Voici le livre, il ne renferme aucun doute » (II.2) ; ou bien encore quand le Prophète lui-même affirme que le Coran dit la vérité la preuve étant que « Si celui-ci venait d'un autre que Dieu, ils y trouveraient de nombreuses contradictions » (III.82). Or, on y trouve des contradictions. Donc ?

*Le miroir aux alouettes*

Vouloir penser en philosophe le Coran et l'islam après avoir lu le livre saint, la vie du Prophète et pris connaissance de ses paroles authentifiées par ses premiers disciples, demander un droit d'inventaire, souhaiter qu'en France cette religion comme toute autre ne puisse disposer d'une extraterritorialité qui lui permettrait d'enseigner des contenus contradictoires avec la République, ce serait être islamophobe ? Oui, disent certains, ça l'était et ça l'est encore pour beaucoup qui se réclament d'une certaine gauche : sa version antilibérale la plupart du temps, autrement dit un certain nombre qui militent chez Les Verts, au PCF, au Parti de gauche, dans le Nouveau parti anticapitaliste, ou à Lutte ouvrière.

Pour quelles étranges raisons ? Par anticapitalisme, donc antiaméricanisme, donc antisionisme, donc, la marche n'est pas bien haute, par antisémitisme. Plus la gauche est de gauche sur l'échiquier de la politique politicienne, plus elle souscrit à ce schéma : le capitalisme, c'est le capital ; le capital, c'est l'argent ; l'argent, ce sont les États-Unis ; les États-Unis soutiennent Israël ; Israël est un pays colonisateur ; le colonialisme s'effectue contre les Palestiniens, arabes et musulmans. Donc : si l'on est contre le capitalisme, très contre, on est contre Israël, très contre, et l'on est pour les Palestiniens, très pour. De même qu'il faut en finir avec le capitalisme, il faut en finir avec Israël. Tout ce qui contribue à la disparition du capitalisme est bon.

*Ni dieu, ni maître*

L'antisémitisme musulman est avéré dans le corpus doctrinaire et dans l'histoire mondiale. Le grand mufti de Jérusalem a pris parti pour Hitler et contre les Juifs pendant la Deuxième Guerre mondiale. Dans *Penser l'islam*[1], j'ai précisé ces choses-là de la manière suivante : « Cet homme qui prétendait descendre du Prophète approuve le régime de Hitler dès 1933 ; il rencontre le dictateur à Berlin qui l'élève au rang d'Aryen d'Honneur ; il prêche en faveur du national-socialisme dans l'unique mosquée de Berlin ; il déclare : "Les principes de l'islam et ceux du nazisme présentent de remarquables ressemblances, en particulier dans l'affirmation de la valeur du combat et de la fraternité des armes, dans la prééminence du chef, dans l'idéal de l'ordre" ; il contribue à mobiliser des musulmans pour lutter dans des divisions SS, l'imam de la division Handschar affirme : "Pour tenter de rassurer mes camarades, je leur expliquais que tout musulman qui perdait la vie au combat pour l'islam serait un shahid, un martyr" ; il visite un camp de concentration, mis au courant de la solution finale il souhaite qu'on extermine également les enfants juifs ; il a travaillé à un plan d'extermination des Juifs d'Afrique du Nord et de Palestine. Hébergé par la France après-guerre, il rejoint l'Égypte sans encombre sous un faux nom en 1946. Leïla Shahid, sa petite-nièce, représente aujourd'hui l'Autorité Palestinienne à l'Union européenne – une autorité actuellement gouvernée par Mahmoud Abbas, auteur d'une thèse révisionniste soutenue en URSS en

---

1. Grasset, 2016.

1982. » Tout cela est à prendre en considération pour expliquer après-guerre la création d'Israël et la politique parfois peu amène à l'endroit des Palestiniens.

L'islam en France est essentialisé et pensé comme une seule et unique force par cette gauche-là. Leur mentor, Marx, a eu beau écrire : « La religion est le soupir de la créature accablée, l'âme d'un monde sans cœur, de même qu'elle est l'esprit d'un état de choses où il n'est point d'esprit. Elle est l'*opium* du peuple. Nier la religion, ce bonheur *illusoire* du peuple, c'est exiger son bonheur *réel* », cette gauche persiste à sauver cette religion parce qu'elle leur paraît une arme de destruction massive du capitalisme.

Or l'islam n'a jamais été intrinsèquement opposé au capitalisme et à l'exploitation de l'homme par l'homme ! Il a même à son actif une longue tradition de traite négrière, et ce dès le IXe siècle, bien avant que les Blancs ne s'y mettent. De même que la doctrine coranique n'est aucunement en soi socialiste ou communiste, ni même de gauche ou sociale.

La gauche radicale intellectuelle a donc depuis longtemps les yeux de Chimène pour l'islam politique. Qu'on se souvienne de Sartre défendant le terrorisme palestinien de Septembre Noir, de Foucault se réjouissant de l'arrivée de l'ayatollah Khomeiny au pouvoir en Iran, de Deleuze s'indignant qu'Israël fasse un usage utilitariste de l'Holocauste, qu'on songe aujourd'hui à Badiou qui veut « oublier l'holocauste » dans *Circonstances III. Portées du mot «juif»*[1], en 2005, qui

---

1. Léo Scheer, 2005.

annule une conférence à l'université de Tel-Aviv en soutien au boycott d'Israël. Et Jérôme Lindon, et Jean Genet, et Daniel Bensaïd, l'intellectuel de la LCR/NPA...

Qu'on se souvienne également que le 23 janvier 1979, à la Maison de la chimie, le Parti socialiste a tenu une réunion de soutien au retour de l'ayatollah Khomeiny en Iran. Le bureau exécutif du même PS a salué « ce mouvement populaire d'une ampleur exceptionnelle dans l'histoire contemporaine ». À cette époque, c'est François Mitterrand, le patron du PS.

Pour avoir dit, ce qui est vérifiable par quiconque a lu et travaillé un peu le sujet, que le Coran était porteur du meilleur comme du pire et que nombre de sourates étaient compatibles avec l'islamisme politique radical, alors que d'autres ne l'étaient pas, je suis passé pour un islamophobe dans la presse dite de gauche.

C'était sans compter avec mon analyse des conditions politiques qui ont généré le terrorisme – un état qui va désormais être le quotidien des Français pour longtemps... Car, croyant toujours que le devoir du philosophe consiste à effectuer le travail nietzschéen de généalogie, j'ai gardé pour moi mes réactions personnelles, intimes, individuelles, aux attentats du 13 novembre pour me contenter de rendre publique ma lecture de philosophe.

Certes, j'aurais pu donner dans le larmoyant, ce qui est facile et génère immédiatement les bravos : mais la démagogie me répugne tout autant que monter en épingle des banalités compassionnelles. Quel monstre aurais-je été, sachant qui je suis, ce que je dis et ce que je fais, pour que mon silence signifie bénédiction du carnage ? La presse s'est pourtant déchaînée contre moi et ce silence fut pris à témoin comme preuve de mon soutien aux terroristes ! Je fus donc jadis antisémite, j'étais depuis longtemps islamophobe, je faisais aussi le jeu de Marine Le Pen, je devenais alors d'un seul coup islamophile et compagnon de route des terroristes ! Comprenne qui pourra...

Qu'avais-je dit pour mériter cet énième éreintement médiatique ? Ceci sur Twitter : « Droite et gauche qui ont internationalement semé la guerre contre l'islam politique récoltent nationalement la guerre de l'islam politique » ; et ceci dans *Le Point* pour expliquer cette poignée de mots : « Ce qui a eu lieu le vendredi 13 novembre est certes un acte de guerre, mais qui répond à d'autres actes de guerre dont le moment initial est la décision de détruire l'Irak de Saddam Hussein par le clan Bush et ses alliés il y a un quart de siècle. La France fait partie depuis le début, hormis l'heureux épisode chiraquien, de la coalition occidentale qui a déclaré la guerre à des pays musulmans. Irak, Afghanistan, Mali, Libye... Ces pays ne nous menaçaient aucunement avant que nous leur refusions leur souveraineté et la possibilité pour eux d'instaurer chez eux le régime de leur choix. La France n'a pas vocation à être le gendarme du monde et à intervenir selon son caprice dans tel ou tel pays pour y interdire les choix qu'il fait. »

Ceci aussi, pour suivre : « La France est-elle à ce point naïve qu'elle imagine pouvoir déclarer la guerre à des pays musulmans sans que ceux-ci ripostent ? Le premier agresseur est occidental, je vous renvoie à l'histoire, pas à l'émotion. Il est même identifiable : il s'agit de George Bush qui invente d'hypothétiques armes de destruction massives pour attaquer l'Irak en 1990, attaque à laquelle Ben Laden répond avec le 11 Septembre. Je vous rappelle qu'avant cette date le même Ben Laden était de mèche avec les services secrets américains contre les Soviétiques qui avaient envahi l'Afghanistan. La situation dans laquelle nous sommes procède donc d'une longue chaîne causale qu'il revient au philosophe de décrire. L'acte terroriste en tant que tel est le dernier maillon de cette chaîne. »

J'avais ajouté que je ne croyais pas à la solution militaire, à l'intensification des frappes, à François Hollande pour nous sortir de cette guerre déclarée, à sa stratégie de la terre brûlée ignorant qu'en larguant des bombes sur le premier front de cette guerre, l'État islamique, on précipitait sur le second front la haine déterritorialisée, donc ingérable, des combattant armés français de cette guerre contre la France. Je précisais également que, *dans la tradition pacifiste de la gauche historique*, la guerre devait toujours être l'ultime solution, le dernier des choix, l'extrême médication, la brutalité finale, après qu'on eut essayé avec l'État islamique toutes les autres possibilités : les négociations occultes, l'usage des commandos, la stratégie des services secrets, la diplomatie avec des pays bien en cour avec l'État islamique qui sont aussi des pays que François Hollande considère comme des amis, Qatar, Arabie Saoudite, la proposition d'un plan de paix (car on fait toujours la paix avec ses ennemis, pas avec ses amis), la rupture avec la politique arabe française depuis l'alignement antigaulliste de Mitterrand sur les stratégies capitalistes et impérialistes de la famille Bush en 1991.

Qu'y avait-il de coupable ? D'ignoble ? De répréhensible ? De nauséabond, comme on dit maintenant ? Faire son métier de philosophe était-il devenu interdit dans un temps où le pouvoir socialiste, Manuel Valls en tête, nous intimait l'ordre de ne plus penser, mais d'obéir ? Réfléchir et penser allaient-ils devenir des actes délictueux susceptibles de la correctionnelle ?

Même si je me trompais, et peut-être me trompais-je, peut-être même est-ce que je me trompe encore, la haine et le mépris, l'insulte et l'invective, l'hallali médiatique étaient-ils les seules solutions de la part de ceux qui n'ont à la bouche que les mots de tolérance, de République, de vivre-ensemble ? La liberté de penser, la liberté d'expression, la liberté d'opinion étaient-elles soudainement supprimées, comme jadis dans les dictatures ? Il faut le craindre, il faut le croire.

La cerise islamique sur le gâteau médiatique fut le communiqué que les journalistes de l'État islamique envoyèrent fin novembre 2015 sur les réseaux sociaux dans une vidéo où l'on reprenait mes propos pour les instrumentaliser. En temps normal, tout ce que dit ou fait Daesh est faux, mais là, d'un seul coup d'un seul, pour les médias français qui me poursuivent de leur haine depuis des années, tout devenait vrai : ils étaient aussi crédibles que leurs collègues et confrères de *Libération* ou du *Monde* !

*Ni dieu, ni maître*

Bien sûr, on oublia que j'avais été présenté planétairement *dans cette même vidéo* comme un mécréant de première classe, ce qui vaut dans leur logique une bonne place sur la liste d'attente des égorgements. Chez Ardisson, Stéphane Guillon estima que le petit prof de province minable et méconnu que j'étais n'avait trouvé que ça pour devenir enfin célèbre. Si d'aventure on m'égorge un jour, nul doute qu'il estimera que je l'avais bien cherchée, cette notoriété qui, comme c'est étrange, est, chez lui, son unique souci.

J'eus avec un chercheur qui connaît les djihadistes français une conversation sur cette vidéo. Il en connaît les auteurs. Il a leurs photos sur son portable. Il m'a expliqué la stratégie de ces journalistes – la même que celle de la plupart de leurs confrères français : produire un maximum d'effet médiatique, le buzz, avec des détournements et des manipulations.

J'en étais la victime, mais une grande partie des médias faisait de moi un coupable. Quelle aubaine pour achever la bête ! Si l'État islamique affirme : « Même le mécréant français Onfray dit que le terrorisme est une guerre que l'islam politique mène contre ceux qui la leur ont déclarée », alors il fallait moins se demander si, par hasard, c'était vrai, que, séance tenante, faire de moi un ami des djihadistes et un compagnon de route du terrorisme qui frappe mes compatriotes.

Je lis ce jour, 1$^{er}$ janvier 2016, dans *Le Point* du jeudi 31 décembre 2015, un entretien avec Kahina, la jeune épouse de dix-huit ans de Samy Amimour, l'un des kamikazes du Bataclan. Celui qui fut son professeur de lettres dans un lycée de Seine-Saint-Denis, avant qu'elle ne parte vivre dans l'État islamique, échange avec elle. Elle lui écrit ceci : « J'ai encouragé mon mari à partir pour terroriser le peuple français qui a autant de sang sur les mains. Comme je t'ai dit, si vous nous tuez, on vous tue, il n'y a pas de raison que ce soit que dans un sens. Vous avez trop pris l'habitude de massacrer les musulmans sans qu'il y ait de répercussions mais *hamdoulilah* plus rien ne sera jamais comme avant, continuez à vous balader ça fera plus de victimes dans nos balances. » Et plus loin : « La vie c'est pas paix amour bisous. Comprends bien tu nous tues, je te tue, tu nous combats, je te combats c'est très simple. » Joffrin dira sûrement qu'elle m'a lu...

Pour éviter de penser, on peut bien sûr moraliser encore : une jeune fille paumée, un psychisme de sectaire, une adolescente au passé psychiatrique fragile, une lycéenne en mal d'aventure, une femme sous l'emprise d'un barbare, une épouse tombée entre les mains d'un monstre... Mais à convoquer les cellules psychologiques et les nouveaux gourous spécialistes en déradicalisation (!), on évite de faire *les lectures politiques qui s'imposent*. La moraline, encore et toujours.

Je ne souscris pas aux *mensonges sociaux* dont parlait Georges Palante : l'islam n'est pas une religion de paix, de tolérance et d'amour, comme le dit la vulgate ; mais il n'est pas non plus une religion de guerre, d'intolérance et de haine, comme le disent les véritables islamophobes de droite et de gauche. Essentialiser l'islam est la pire des choses. L'islam est pour les uns une religion de paix, pour les autres une religion de guerre, pour les uns une religion de tolérance, pour les autres une religion d'intolérance, pour les uns une religion d'amour, pour les autres une religion de haine. Le même Coran permet ces grands écarts.

Si la France avait été républicaine et non communautariste, comme elle l'est depuis que Mitterrand a renoncé à la gauche au profit du libéralisme en 1983, elle n'aurait pas toléré sur son sol les tenants de l'islam de haine, de guerre et d'intolérance. Elle aurait en revanche permis aux partisans de l'islam de paix, de tolérance et d'amour de trouver leur pleine place dans la République. La confusion a été profitable aux gouvernants des deux bords.

La droite libérale a besoin de l'immigration et de sans-papiers que le patronat adore pour disposer d'une main-d'œuvre à bon marché, et ce afin de casser le travail syndical passé, présent et à venir; la gauche libérale en a besoin aussi afin de créer les tensions entre les communautés pour nourrir ce qui entretient le fonds de commerce du Front national, ce qui lui permet de rester au pouvoir malgré son impéritie. Dans les deux cas, les musulmans sont une variable d'ajustement pour la politique politicienne. L'islam est un pion sur l'échiquier cynique du petit monde politique. Rien d'autre.

Qu'on me permette de continuer à penser en athée, donc en philosophe. Ou bien : en philosophe, donc en athée. Je ne suis ni islamophile ni islamophobe; je ne bénis ni n'excommunie personne; je ne suis ni un compagnon de route du Front national ni un dévot dudit front républicain : j'essaie de comprendre. De penser et de comprendre. Seul, pas en meute. Solitaire, pas en bande. En homme libre.

Jadis, pour empêcher de penser, le pouvoir avait ses gens d'armes et ses geôles, ses inquisiteurs et ses culs-de-basse-fosse, ses commissaires politiques et ses guillotines, ses militaires et ses prisons, ses kapos et ses camps. Aujourd'hui, il a ses journalistes. Sale temps pour qui s'est proposé un jour d'adolescence butée et fidèle de ne s'agenouiller devant rien ni personne. Mais il n'est pas d'orage qui ne passe.

# 8

## Colibri et miroir aux alouettes

### *Le principe de Gulliver*

Pierre Rabhi a beaucoup fait pour populariser l'histoire amérindienne du colibri. Rappelons-la : lors d'un incendie de forêt, les animaux regardent les flammes dévorer la jungle sans rien faire ; de son côté, le colibri apporte quelques gouttes d'eau sur le brasier ; les singes, les tamanoirs, les toucans, les anacondas, et toute la population animale fait remarquer au colibri que ça ne changera pas grand-chose ; ledit colibri convient que c'est assez probable, mais que lui, au moins, il aura fait sa part. Autrement dit : si les autres ne font rien, eux, en effet, le geste de celui qui agit, lui, compte pour rien – sauf pour l'éthique. Or, un beau geste n'est jamais rien.

J'ai formulé dans *Le Postanarchisme expliqué à ma grand-mère*, sous-titré *Le principe de Gulliver*[1], une méthode issue de cette sagesse des peuples premiers. Elle m'est venue à la lecture de Swift, qu'on ne lit pas assez, et de ses *Voyages de Gulliver*[2]. Chacun connaît l'histoire, même

---
1. 2012.
2. 1726.

sans l'avoir lue, de Gulliver maintenu au sol attaché par des Lilliputiens. Le géant se trouve immobilisé, donc impuissant, du simple fait que les petits se sont associés pour décupler leurs forces et parvenir à réduire à néant la puissance d'un colosse.

J'ai dit plus haut que j'avais créé l'Université populaire de Caen en 2002 pour répondre concrètement, avec une initiative de gauche, à la présence de Jean-Marie Le Pen au second tour des élections présidentielles. Treize ans plus tard, naïve à souhait, une journaliste me fait remarquer que mon initiative n'a servi à rien puisque sa fille Marine se trouve en tête des consultations électorales, avant très probablement de se retrouver au prochain second tour des présidentielles !

Ventrebleu ! Si j'avais tout seul le pouvoir de faire reculer les Le Pen avec la seule initiative de l'UP, ça se saurait, ça se serait su, on aurait vu ! J'ai effectivement répondu qu'il n'était pas dans mon pouvoir de changer le cours des choses avec cette mienne initiative, et je l'ai renvoyée à elle qui avait l'âge d'avoir connu ce moment-là de la politique française. Je lui ai donc dit : « Et vous, qu'avez-vous fait ? » Le silence fut sa réponse. Combien sont ceux qui ont cru qu'il suffisait de voter Chirac pour se retrouver dispensé d'envisager quoi que ce soit d'autre pour *faire reculer les idées du FN* ?

J'ai dit que le FN était un problème, mais que ceux qui le rendaient possible en étaient également un, peut-être même plus grand encore pour cause de responsabilité généalogique : car quiconque a le pouvoir d'arrêter cette version nouvelle du miroir aux alouettes et ne fait rien me paraît bien plus responsable et coupable que ceux qui exploitent un fonds de commerce avec ces passions tristes.

Qui a fait quoi, depuis 2002, pour empêcher les répliques du séisme de cette année-là ? La presse libérale continue d'alimenter le feu du FN en lui fournissant son combustible : la religion eurocratique ; dans le même temps, cynique ou demeurée, elle prétend lutter contre. En faisant quoi ? En diabolisant ? En psalmodiant : « Le fascisme ne passera pas » ? Ça n'a pas marché, ça ne marche pas, ça produit même l'effet inverse. Trente années de diabolisation accouchent d'un diable plus obèse encore.

La droite libérale et la gauche libérale, soutenues par ces organes de presse aux ordres, arrosent également la plante vénéneuse en lui donnant à manger tous les jours. Ses intellectuels médiatiques occupent le terrain pour vanter le modèle indépassable qui nous conduit pourtant dans le mur chaque jour davantage.

Jacques Attali, qui n'a pas toujours le temps de lire les livres qu'il publie, est tout de même le penseur organique de cette idéologie. Il a même un temps lancé un ballon d'essai en susurrant l'idée de sa candidature aux présidentielles. Pour quoi faire ? Ce sont déjà ses idées qui sont à l'Élysée depuis 1983 ! Le ballon vite dégonflé semble l'en avoir dissuadé. Mais gageons que ses idées seront encore et toujours au pouvoir avec le président élu en 2017.

Aujourd'hui, Marine Le Pen fait la loi des médias. Elle est invitée partout, on lui reproche toujours les mêmes choses : un bal en Autriche, les propos de son père, un relookage du fascisme français, un strabisme ontologique qui lui fait dire blanc quand elle penserait noir. Mais elle se fortifie chaque jour que France Inter fait.

Le FN est une machine qui fonctionne au ressentiment, aux passions tristes, à la rancune et à la rancœur – les ingrédients qui ont rendu possible le bain de sang de 1793. Là où il y a humiliation et offense, vexation et honte, le FN promet la restauration de la dignité et de la grandeur, de la puissance et de la force. C'est, ni plus ni moins, *le complexe du traité de Versailles* qui, après la défaite de la Première Guerre mondiale, humilie tout un peuple qui prend sa revanche en 1933 en mettant au pouvoir le petit caporal qui leur promet la vengeance.

Évitons les facilités de l'uchronie, mais : si la gauche avait écouté Jaurès et que 14-18 n'ait pas eu lieu, outre la boucherie que l'on sait, il n'y aurait pas eu de traité de Versailles, donc aucune raison qu'un ancien combattant ayant raté son entrée aux Beaux-Arts devienne un jour chancelier du Troisième Reich. Mais la gauche n'a pas écouté Jaurès – pas plus qu'elle ne l'écoute aujourd'hui.

Marine Le Pen, Marion Maréchal-Le Pen et Jean-Marie Le Pen sont dans un même bateau ; mais l'une estime que la Shoah est la pire catastrophe du XXe siècle, pendant que l'autre fait de l'humour avec les chambres à gaz ; la fille du père est à mi-mot pour le mariage homosexuel, la petite-fille du grand-père manifeste contre ; contre le patriarche, l'ancienne recycle le chevènementisme antilibéral de Philippot ; pour le même patriarche, la jeunette réhabilite le libéralisme ; Marine Le Pen ne remet pas en cause la famille recomposée ni l'avortement, Marion Maréchal-Le Pen fait une cible du planning familial.

Le FN au pouvoir fonctionnerait lui aussi, bien sûr, selon le principe du miroir aux alouettes. Comme Tsipras, il persisterait dans les effets de manche, la rhétorique tribunicienne, mais ne changerait rien au cours des choses. Son analyse du monde tel qu'il est dispose d'un peu plus de lucidité que celle des libéraux, mais c'est si facile pour l'unijambiste d'avancer plus vite que le cul-de-jatte ! Au royaume des aveugles libéraux, les borgnes lepénistes sont rois.

Je ne crois plus à personne dans la configuration politique et politicienne actuelle. Le jeu de chaises musicales à la vue des présidentielles de 2017 se révèle pitoyable. À droite, il remet en scène le septuagénaire Alain Juppé comme un recours pour l'avenir parce qu'il ne profère jamais de gros mots en public ; il fait de François Fillon qui a obéi servilement cinq ans à Sarkozy une alternative à Sarkozy ; il laisse les miettes à Dupont-Aignan qui croit pouvoir coiffer le képi du Général à son avantage ; il remet en selle Bayrou qui se prend pour le centre d'une circonférence qui est nulle part depuis toujours ; il laisse à Nadine Morano l'espoir qu'elle pourra endosser la vareuse du Général impossible à accrocher aux épaules de Dupont-Aignan ; il fait du vieux, du très vieux Sarkozy, un jeune n'ayant jamais été élu Président ; il donne à Copé les clefs de la boulangerie des pains au chocolat hallal ; il agite l'épouvantail Marine Le Pen, alors que le verrouillage institutionnel la condamne au pitoyable ministère des Récriminations.

À gauche, ça n'est guère mieux : Hollande veut un quinquennat d'après pour faire ce que par impuissance il n'est pas parvenu à faire dans le quinquennat d'avant ; Mélenchon aspire à la capitainerie du pédalo ; Pierre Laurent aussi, et c'est le même navire à pédales ; les écologistes iront à plusieurs pour rallonger les berges de Paris-Plage ; Montebourg a quitté la politique, c'est justement pour cette raison qu'il y revient ; Cohn-Bendit a lui aussi dit qu'il s'éloignait, il peut donc d'autant plus facilement réapparaître ; en cas d'AVC présidentiel, ce que je ne souhaite pas au cerveau élyséen, Manuel Valls, pour lequel comprendre c'est toujours excuser, se dévouerait probablement...

Le tout sans compter les probables candidatures farcesques : un raëlien peut-être, un défenseur du bousier mayennais, un geek qui rendra le pouvoir aux internautes une fois élu, un partisan de l'andouillette AAAAA, une femme à barbe, et autres lecteurs de l'*Almanach Vermot*, diplômés de l'ENA, de Science-Po ou de l'école de journalisme.

Quoi qu'il en soit, 2017 verra accéder un libéral sur le trône : soit il se sera présenté comme tel et n'aura pas trompé ses électeurs sur la marchandise ; soit il ne l'aura pas été pendant la campagne, mais il le sera devenu le lendemain de l'élection quand il verra comment s'y prend l'Europe libérale pour détruire en deux temps trois mouvements ceux qui ne se prosternent pas à ses pieds. Demander ce qu'il en est à Tsipras, guignol

## Colibri et miroir aux alouettes

hellénique, héros et héraut de Marine Le Pen et Jean-Luc Mélenchon.

Puisqu'il n'y a pas de pompier capable d'éteindre tout seul l'incendie de la forêt, reste le colibri et, surtout, la mutualisation de ses actions. Car, sans cette association des liens lilliputiens, les gouttes d'eau resteront simples gouttes. Beau geste pour l'esthétique, mais geste inutile pour la politique. Il faut une théorie de colibris, une noria de colibris.

À la question qui m'est souvent posée « Que faire ? », je réponds toujours en expliquant que je ne saurais délivrer une recette, un mode d'emploi, un truc, mais que je peux donner une direction. *Que chacun fasse, là où il est, ce qu'il peut faire pour éviter ce qu'il déplore.*

Quand on me demande de préciser, je donne l'exemple de l'Université populaire de Caen. C'est ce que j'ai fait ; ça ne change pas le monde, je le sais bien ; mais qui a fait quoi en même temps ? Pour ma part, j'ai démissionné de l'Éduction nationale en 2002, puis renoncé au salaire régulier, à la fonction publique et à la sécurité de l'emploi pour faire avancer les idées auxquelles je crois et qui sont explicitement celles qui se trouvent aux antipodes du FN : le contraire du ressentiment et des passions tristes, à savoir la compréhension pour se donner les moyens de l'action libertaire. Mon idéal ? Celui de Condorcet et de Diderot : *Rendre la philosophie populaire*.

Le programme du FN prévoyait de renvoyer les femmes au foyer, de transformer le statut de mère de famille en profession rémunérée ? J'ai sollicité Séverine

Auffret pour un séminaire d'idées féministes. Ce programme proposait d'en finir avec l'art contemporain pour revenir à la protection du patrimoine et au folklore ? J'ai demandé à Françoise Niay de prendre en charge un séminaire art contemporain. L'ancien para d'Algérie président du FN courrait après un militant anti-FN en le traitant de « rouquin... pédé... » ? J'ai sollicité Marie-Hélène Bourcier pour un séminaire sur les études LGBT – elle a souscrit avec enthousiasme quand, pour ce faire, je suis venu la voir à Paris, mais elle n'a jamais assuré un seul cours... Le FN refuse toute idée de psychanalyse ? Même si j'en ai critiqué la formule freudienne dans *Le Crépuscule d'une idole*[1] pour lui préférer sa formule existentielle dans *Apostille au Crépuscule*, j'ai voulu que la psychanalyse soit enseignée et j'ai pour ce faire sollicité Myriam Illouz, psychanalyste à Paris. Le FN fait de l'islam un totem monolithique à consteller de flèches ? J'ai invité Razika Adnani à tenir un séminaire sur le sujet. Le programme du FN 2002 était libéral ? L'ami Nicolas Béniès, économiste de la gauche radicale, l'a déconstruit dans ses séances. Le FN critique l'éducation nationale contemporaine, mais souhaite revenir aux blouses grises des hussards de la République ? J'ai embarqué Gilles Geneviève dans un atelier de philosophie pour enfants. Le FN faisait de « Travail, Famille, Patrie » une trilogie toujours d'actualité ? Pour ma part, j'ai enseigné pendant treize années l'otium grec, le célibat libertaire et la subjectivité nietzschéenne dans une contre-histoire de

---

1. Grasset, 2010.

la philosophie qui m'a fait relire vingt-cinq siècles de philosophie alternative et réhabiliter des mauvais garçons : des matérialistes, des sensualistes, des empiristes, des gnostiques licencieux, des libertins, des libertaires, des anarchistes, des socialistes, des écologistes...Tout cela sans parler des autres séminaires : jazz, musique, musicologie, éthologie, architecture, littérature contemporaine, mathématiques, physique, psychologie, art brut, archéologie, poésie...

Pour lutter contre notre époque consumériste et hédoniste vulgaire où l'argent fait la loi, l'UP est gratuite : chaque enseignant est bénévole, y compris moi, qui n'est pas plus payé pour organiser la chose et la porter. On ne demande rien à ceux qui viennent, ni argent, bien sûr, ni identité, ni adresse, ni renseignements de quelque nature que ce soit ; pas de distribution de cartes, pas d'inscription, vient qui veut, repart qui veut ; pas de contrôle des connaissances, évidemment. La séance est composée de deux heures : la première est celle d'un exposé ; la seconde, celle de la discussion de cet exposé avec le public.

Des milliers de personnes sont venues et viennent encore. Aux alentours de mille à chacun de mes cours. Gérard Pouloin, qui assure un séminaire d'idées politiques depuis la première heure, a organisé un colloque à Cerisy sur les Universités populaires en 2012. Mes cours ont été enregistrés et diffusés par France Culture dans la grille d'été depuis 2003. En 2013, le million de podcasts a été dépassé pour une seule saison. Les éditions sonores Frémeaux ont édité ces cours en 24 coffrets de 13 CD chacun. J'ai créé une collection aux éditions Autrement, « Universités populaires et Cie », dans laquelle se trouvent démontées quelques idoles, comme Blanchot, réhabilités des penseurs oubliés, tel Marcuse, exhumés des textes inédits de philosophes, ainsi Diogène, promues des initiatives, une UP du théâtre, initiés des débats, le véganisme. Mais on chercherait en vain un relais de tout ce travail dans la presse qui, récemment, a jeté mon nom aux chiens en prétendant que je faisais le jeu du Front national.

J'ai également créé une UP du goût qui fête ses dix ans en 2016. Pendant cette décennie, j'ai fait venir des peintres à la médiathèque d'Argentan où j'habitais pour contribuer à la formation du jugement de goût d'une population défavorisée. Toujours bénévolement bien sûr. La sous-préfecture s'éteint doucement sans perspective de voir un jour revenir les emplois qui disparaissent depuis un quart de siècle.

Parmi mes invités, Vladimir Veličković, Ernest Pignon-Ernest, Valerio Adami, Gilles Aillaud, Gérard Fromanger, Gérard Garouste, Titouan Lamazou, Combas, Ben. Ils sont tous venus gratuitement, mais j'ai écrit et publié un livre sur leur travail, sinon un film – sauf pour l'ami Ben qui est venu l'année du décès de ma compagne.

À cet embryon d'UP où je contribuais à la formation du jugement de goût s'est ajouté l'organisation de concerts lors de fêtes de la musique. Patrick Cohen, le vrai, le bon, mon ami professeur de pianoforte au Conservatoire national supérieur de musique de Paris, est venu un nombre incalculable de fois avec son amie cantatrice Maya Villanueva et ses élèves du CNSM pour donner de magnifiques concerts sous des bâches dans un jardin de réinsertion sociale. Des gens qui n'avaient jamais vu de leur vie un piano à queue, ni entendu une chanteuse d'opéra, et qui avaient connu la prison, l'alcoolisme, la drogue, le chômage de longue durée, la vie sous les ponts, et se trouvaient en réinsertion dans ce jardin, découvraient ce monde aux côtés des gens venus de partout.

J'ai créé cette UP du goût pour aider un ancien cégétiste, ancien communiste qui avait prénommé l'un de ses fils Maxime en hommage à Robespierre, ancien soutien d'un ouvrier soudeur catholique et communiste breton pour lequel nous avions fait lui et moi campagne pour son élection victorieuse au conseil général trente ans en amont. Il avait été licencié, puis pistonné par la municipalité de gauche pour s'occuper du jardin de réinsertion. Il ne connaissait rien au jardin. Il fut aussi responsable d'une association de réinsertion par le travail, sans rien connaître non plus au travail. Pour faire marcher sa boutique, j'ai beaucoup payé de chantiers ni faits ni à faire, payé aussi leur réfection sans que ce qui aurait dû être fait le soit vraiment.

Sous le chapiteau des Tréteaux de France que Marcel Maréchal m'avait vendu moitié prix, j'ai organisé pendant cette décennie un grand nombre de soirées avec des peintres et des artistes, des cinéastes et des cuisiniers, des écrivains et des acteurs, des romanciers et des musiciens. Il y eut même une soirée Freud avec projection d'un film d'Élisabeth Kapnist en présence d'une certaine Élisabeth Roudinesco qui n'estimait pas alors que j'étais un antisémite ou un pédophile refoulé ; il y eut même une autre créature improbable : Laurent Joffrin qui vint parler de journalisme. Il n'estimait pas alors que je faisais le jeu du FN. Il n'était pas rare que plus de 500 personnes se retrouvent sous la toile battue par la pluie ou secouée par les vents.

Quand j'ai découvert que l'ancien cégétiste tapait dans la caisse, volait des objets, détournait de la nourriture, et ce avec l'accord du trésorier, tous deux de gauche bien sûr, le tout avec la couverture de socialistes bon teint (le maire, les conseillers généraux, le président de région, la sénatrice chiraquienne), j'ai plié bagages, d'autant que ma compagne venait de décéder. J'ai alors quitté Argentan.

La presse qui a récemment fait de moi le suppôt du FN qu'on sait n'a jamais cru bon de faire de cette aventure de l'UP du goût un sujet pour ses pages culture ou société. Elle fut autant silencieuse que la presse locale qui a couvert le voleur qui s'est également trouvé épargné lorsqu'il a été condamné à un an de prison avec sursis pour la mort d'un de ses employés sur un chantier. Son nom n'a jamais paru dans la presse.

Quand j'ai déménagé à Caen, j'ai souhaité apporter avec moi l'UP du goût et son chapiteau. J'ai sollicité le maire socialiste d'alors, Philippe Duron, qui n'a jamais cru bon de me répondre. J'ai donc déménagé l'UP du goût dans mon village natal, à Chambois, où la maire UMP, catholique et pratiquante, a tout fait pour m'empêcher d'exister. La presse a jubilé de pouvoir donner l'écho au concours de pétanque qu'elle a organisé pour empêcher la tenue de l'UP. « Michel Onfray a les boules », a même titré *Ouest France*, un journal toujours très en verve comme chacun sait. La presse nationale crut alors bon de reprendre cette pitoyable information ressassée *ad nauseam* par la presse locale et régionale (nous eûmes pour le coup les honneurs de France 3...), car ça, c'était vraiment de l'information. Pour les dix ans de l'UP du goût, tout comme pour ceux de l'UP de Caen, bien sûr, il n'y eut aucun de ces journalistes...

J'ai pris des notes sur cette aventure. Au début du manuscrit, j'ai recopié cette citation de Nietzsche : « Faire des plans et concevoir des desseins s'accompagne de bien des sentiments agréables, et qui aurait la force de n'être rien, sa vie durant, qu'un bon faiseur de projets serait un homme heureux ; mais il lui faudra bien, à l'occasion, se reposer de cette activité, en réalisant un de ses plans, et voilà le dépit et la désillusion », *Opinions et Sentences mêlées* (tiré de *Humain, trop humain, op. cit.*), § 85.

Car les désillusions n'ont pas manqué : des trahisons, des déloyautés, des perfidies. Outre le robespierriste et son acolyte, un architecte est venu de Paris, gloire mondaine de la gauche caviar, ancien représentant du pavillon français à la biennale d'architecture de Venise, pour nous ponctionner l'argent que j'obtenais de la région et qui nous laissa une cabane à lapin sous prétexte de l'UP en dur qu'il nous avait promis. Un ancien maoïste critique gastronomique véreux, mais je l'ignorais alors, dont le guide est une imposture et qui se refaisait une santé morale en faisant venir sous le chapiteau des grands chefs étoilés qu'il menaçait sinon de rétrogradation. Une vipère médiatique spécialisée en bouffe plus qu'en gastronomie venue mordre pour se venger d'avoir été et de n'être plus. Un cadre commercial ponctionnant le budget de l'UP, car lui avait été salarié, pour un travail qu'il ne fit jamais, tout à ses vidéos porno dès le matin. Une élue de gauche à la culture qui balançait tous nos projets à la poubelle. Une directrice de la culture qui faisait capoter un projet de festival de théâtre parce qu'il aurait eu lieu sur son temps de vacances. Un militant socialiste qui *voterait pour un âne si le PS présentait un âne*, comme il avait coutume de dire, et qui a volé le matériel électrique de l'UP pour empêcher qu'elle continue après sa démission. Etc.

Côtoyer autant de gens qui se disaient de gauche et les voir vivre si peu une vie de gauche m'a affranchi sur ce que devait signifier *être de gauche*. De même, moi qui défends le principe autogestionnaire, j'ai vu combien le réel donnait tort au principe et, comme je n'ai pas eu envie de donner tort au réel, les principes s'en sont trouvés d'autant esquintés.

Je ne crois plus qu'aux faits. Une idée doit être évaluée à la lumière de la réalité, du réel, du concret. Si elle ne passe pas la rampe pragmatique, alors il faut sinon s'en débarrasser, du moins l'amender. Si on persiste, l'idéologie pointe son nez et avec elle la dénégation.

L'autogestion est un bel idéal ; mais il faut pour ce faire des individus à la hauteur. L'autocratie est, hélas, plus efficace. Mais que faire quand on se veut libertaire ? Renoncer à l'autogestion et opter pour l'autocratie ? Ou croire qu'il faut tout de même la vouloir et savoir qu'elle ne s'obtiendra pas parce que le réel salit toujours l'idéal ? Il vaut vouloir un idéal modeste, c'est la seule façon d'obtenir le plus de lui. À défaut, on n'aura rien du tout, tout juste la déception. Il faut faire *comme si*. Mais, même si le dépit ni la désillusion ne manqueront, un beau geste (de gauche) n'est pas rien. Sait-on jamais, un autre pourra toujours s'en inspirer.

## Conclusion

# L'anarchie positive

## *Éloge de l'ordre anarchiste*

Pour moi, Proudhon, c'est d'abord cette citation célèbre extraite d'*Idée générale de la révolution au XIXe siècle*[1] : « Être gouverné, c'est être gardé à vue, inspecté, espionné, dirigé, légiféré, réglementé, parqué, endoctriné, prêché, contrôlé, estimé, apprécié, censuré, commandé, par des êtres qui n'ont ni titre ni la science, ni la vertu... Être gouverné, c'est être, à chaque opération, à chaque transaction, à chaque mouvement, noté, enregistré, recensé, tarifé, timbré, toisé, coté, cotisé, patenté, licencié, autorisé, apostillé, admonesté, empêché, réformé, redressé, corrigé. C'est, sous prétexte d'utilité publique, et au nom de l'intérêt général, être mis à contribution, exercé, rançonné, exploité, monopolisé, concussionné, pressuré, mystifié, volé ; puis, à la moindre résistance, au premier mot de plainte, réprimé, amendé, vilipendé, vexé, traqué, houspillé, assommé, désarmé, garrotté, emprisonné, fusillé, mitraillé, jugé, condamné, déporté, sacrifié, vendu, trahi, et pour comble, joué, berné, outragé, déshonoré. Voilà le

---

1. 1851.

gouvernement, voilà sa justice, voilà sa morale ! Et qu'il y a parmi nous des démocrates qui prétendent que le gouvernement a du bon ; des socialistes qui soutiennent, au nom de la Liberté, de l'Égalité et de la Fraternité, cette ignominie ; des prolétaires qui posent leur candidature à la présidence la République ! Hypocrisie ! »

Je souscrivais quand j'avais dix-sept ans ; après plus de trente-six années d'expérience, au su et au vu de ce que furent mes engagements, mes votes, mes enthousiasmes et mes déceptions ; après avoir discuté en tête à tête avec quelques-uns des protagonistes (Sarkozy pour *Philosophie Magazine*, Hollande pour *L'Obs*, Besancenot et Krivine lors d'un dîner privé, Mélenchon pour un déjeuner avant sa candidature au Front de gauche) ; ou en avoir croisé d'autres dans des salles de maquillage ou sur des plateaux de télévision (Giscard hautain, Rocard suffisant, Bayrou égocentré, Peillon fielleux, Le Pen père fascistoïde, Montebourg arrogant, Copé méprisant), je souscris plus encore. Il n'y a guère que Lionel Jospin, homme de rectitude, et Jean-Pierre Chevènement, grand monsieur, qui pourraient me faire douter un peu.

Je sais qu'en renvoyant à Proudhon les habituels Fouquier-Tinville diront, s'ils ont un peu de culture (mais Wikipédia y pourvoira en moins de cinq minutes) : « Ah oui, Proudhon l'antisémite ! », « Évidemment, Proudhon l'homophobe », « Bien sûr, le Proudhon misogyne et phallocrate », « Ben tiens, le Proudhon du Cercle Proudhon qui fut un auxiliaire pétainiste ! »,

## Conclusion

« Rien d'étonnant, le Proudhon libéral et anticommuniste qui défend la propriété ! ».

Je n'ignore rien de ce qui fait de Proudhon un contemporain de son siècle où le Juif Marx est antisémite, comme l'anarchiste Bakounine, où le marxiste Engels est homophobe, où l'anarchiste français Sébastien Faure tient des propos phallocrates, où le socialiste Charles Fourier défend la propriété privée... On peut toujours, cent ans plus tard, juger le siècle passé avec les acquis de la pensée contemporaine. À cette aune, très peu, voire personne, ne s'en sort indemne. Autant reprocher à Jésus de n'être pas spinoziste ou à Mahomet d'avoir ignoré les enseignements de Freud. Sinon à Robespierre de tenir pour quantité négligeable les leçons de la Révolution russe !

Proudhon m'intéresse d'abord par sa vie qui n'est pas, comme celle de Marx, celle d'un bourgeois avec ses habituels tropismes. La biographie n'est pas tout, mais elle n'est pas rien non plus. Fils d'un avocat, Marx aspire d'abord à une carrière de professeur d'université, avant de devenir directeur d'un journal. Il se marie, à l'église évangélique s'il vous plaît, avec la baronne Jenny von Westphalen, une jeune fille issue de la haute aristocratie prussienne. Il lui fait sept enfants, mais couche avec la bonne qu'il engrosse. Pour le sortir de ce mauvais pas, son ami Engels reconnaît l'enfant. Sans grandeur, Marx vit de l'héritage convoité d'un oncle de sa femme, puis de l'argent versé régulièrement par son ami Engels, une fortune constituée par le prolétariat qui travaille dans ses filatures anglaises. Parfois, il descend dans des villes d'eau pour des cures.

Il est sans profession ou rentier. En fait, Marx n'a jamais travaillé. Il a vécu une vie d'auteur entretenu.

La vie de Marx, c'est aussi sa vie politique : l'homme est intriguant, il aspire au leadership du mouvement révolutionnaire européen. Pour ce faire, tous les moyens sont bons : la calomnie des adversaires, contre Bakounine par exemple, le bourrage des urnes lors des élections de l'Association internationale des travailleurs. Son biographe, pourtant membre du PCF, Jean Elleinstein, conclut en 1981 que les méthodes de Marx annoncent les futurs procès staliniens ! C'est dire...

La vie de Marx, c'est enfin sa pensée politique : ce fils de rabbin, juriste frotté de philosophie, fut un millénariste hégélien. Autrement dit : un intellectuel de la politique, un conceptuel de la révolution, un homme du socialisme transcendantal. Il a cru au caractère inéluctable, parce que dialectique, de l'avènement du communisme grâce à la violence révolutionnaire de l'avant-garde éclairée du prolétariat, une violence mécaniquement générée par les méfaits de l'exploitation capitaliste – mais qu'il faut tout de même organiser, malgré son caractère inéluctable... Version socialiste de la parousie chrétienne. Une idée judéo-chrétienne devenue folle chez les marxistes.

L'expropriation violente des possédants, la haine des paysans suspects d'attachement à leur petite propriété, le mépris du peuple, ravalé au rang de lumpenprolétariat, quand il n'est pas la classe ouvrière organisée en parti marxiste, la volonté d'instaurer une dictature du prolétariat (sur qui ? sinon sur le reste des prolétaires et la totalité des paysans...), l'usage de l'État pour

*Conclusion*

activer paradoxalement son propre dépérissement, tout cela fait de Marx l'héritier du jacobinisme de Robespierre et le précurseur de ceux qui ne s'en réclament pas vainement : Lénine et Staline, Mao et Castro, Kim Il-sung et Pol Pot, et tous les régimes dictatoriaux à faucille et marteau. Au XX$^e$ siècle, ce communisme-là causera la mort de 100 millions d'hommes. Cette gauche des barbelés qui va de Thorez à Mélenchon, *via* Georges Marchais, n'est pas la mienne.

La vie de Proudhon est celle d'un fils de tonnelier bisontin. Jusqu'à l'âge de dix ans, il garde les vaches dans les champs. Son enfance est virgilienne et panthéiste. Il entre au collège et travaille pendant les vacances. Trop pauvres, ses parents ne peuvent acheter les livres nécessaires à sa formation. Il emprunte à la bibliothèque et lit beaucoup. À dix-huit ans il est typographe et effectue son tour de France. Dans un atelier, il compose la Vulgate. Il apprend l'hébreu. Il achète une imprimerie. Son premier ouvrage publié est un essai de grammaire ; c'est évidemment un échec commercial. Il obtient une pension pour trois années. Son associé se suicide. L'imprimerie est liquidée. Il répond à un concours sur « L'éloge du dimanche ». Il critique la propriété et la bourgeoisie. Il devient le nègre d'un juge qui écrit sur la prison préventive ! Il souhaite le convertir au socialisme ; c'est un échec. Il vend l'imprimerie et devient commis. Il rencontre Marx. Il entre en maçonnerie. Il est sur les barricades de 1848. Il veut la république qu'il nomme « anarchie positive ». Il se présente aux législatives de 1848 et est élu. Il le sera cinq mois. Il se révèle mauvais orateur. Lors d'une intervention de trois heures à la tribune, il se fait moquer de lui. Il fait du travailleur un capitaliste. À l'époque, il fait confiance à l'État pour réformer la société : il souhaite nationaliser le transport, les mines, le crédit. Il croit à la nécessité d'un homme fort pour gouverner. Il crée une banque du peuple; c'est un échec. Il écrit un pamphlet contre l'empereur Napoléon III : il est condamné à trois ans de prison, il s'exile en Belgique, puis rentre clandestinement en France. Dénoncé, il est arrêté et emprisonné à Sainte-Pélagie. Le régime n'est pas sévère et s'assimile plutôt à une résidence surveillée : il peut sortir. Il élabore sa théorie anarchiste : il veut *vaincre le capital par l'initiative individuelle*. Il défend l'impôt sur le capital. Il se marie alors qu'il est en prison, il a quarante et un ans; sa femme, ouvrière en passementerie, est plus jeune que lui de quatorze ans. Elle a déjà une petite fille. Il dîne tous les jours avec elle en prison. Il écrit toujours des articles incendiaires; on le change de prison, on ne peut plus le visiter. Un nouvel article lui vaut l'incarcération en citadelle. Il gagne un procès qu'on lui intente contre un article. Il devient père de famille, d'une petite Catherine. Après Catherine, une deuxième fille lui arrive, Marcelle, puis une troisième, Stéphanie. Toute la famille attrape le choléra, Marcelle en meurt. Il vit de ses livres. Il refuse les cadeaux qu'on lui fait pour ne pas être redevable. Une nouvelle enfant entre dans la famille, Charlotte, elle meurt quelques mois plus tard. L'interdiction d'un livre lui vaut à nouveau l'exil en Belgique. Il a le projet décrire une *Philosophie populaire*. Amnistié, il rentre à Paris. Il manque cruellement d'argent, mais il refuse des collaborations bien payées qui lui vaudraient des polémiques. Il préfère écrire des ouvrages susceptibles de durer. Il meurt le 19 janvier 1865 âgé de cinquante-six ans.

Sa vie fut donc celle d'un enfant de pauvres, pauvre lui-même, qui sut ce qu'était que travailler (bouvier, employé, batelier, petit patron), qui s'engagea concrètement en politique, des barricades aux pamphlets, ce qui lui vaudra exil et prison. Rien d'un Marx bourgeois épousant une baronne, ignorant ce qu'était le travail réel et concret, pensionné par un mécène vivant des bénéfices de sa manufacture. Pour Marx, la pauvreté est une idée; pour Proudhon, une réalité.

La pensée de Proudhon fut concrète et pragmatique, ce qui explique son caractère dynamique et dialectique, ondoyant et apparemment contradictoire. Son œuvre est abondante et elle répond à des situations conjoncturelles précises. Dès lors, le corps de doctrine évolue : Proudhon est pour le suffrage universel, puis contre; il est contre l'État, puis pour; il est pour les élections, puis contre; il défend l'homme de caractère pour gouverner, puis renonce à cette idée; il semble contre la propriété, puis il la défend. Il s'agit pour lui de penser l'actualité et d'y être le plus efficace possible afin de réaliser la justice sociale, le maître objectif de sa révolution.

Ce foisonnement d'idées, dont certaines contradictoires, a tout permis, y compris, donc, un Cercle Proudhon qui, entre 1911 et 1914, réunit le monarchiste Maurras et le syndicaliste révolutionnaire Sorel. Droite et gauche se liguent ainsi contre la bourgeoisie libérale, la démocratie républicaine, le parlementarisme, le pouvoir de l'argent, le socialisme réformiste, l'exploitation du peuple, le capitalisme libéral, la destruction de la nation. Ce mouvement stoppé net par la Première Guerre mondiale inspirera deux ou trois penseurs de la révolution nationale de Vichy, un Henri Bachelin par exemple... Ajoutons à cela que ses textes antisémites, misogynes, phallocrates, ou ceux qui font l'éloge de la guerre et de l'héroïsme augmentaient la possibilité de convergences.

Dans ce corpus de combat, dans ces textes de guerre, on peut toutefois extraire chez Proudhon un programme politique de gauche, antilibéral, populaire et réellement démocratique. C'est le mien en dehors du reste. Proudhon veut en effet : la justice sociale sans la révolution violente ; le gouvernement du peuple par lui-même, sans la médiation parlementaire ; la production gérée par les producteurs, autrement dit l'autogestion ; l'éducation du peuple afin de préparer l'avènement de la révolution de manière pacifique ; la révolution par la gestion socialiste des choses, *via* les hommes, et non *via* un parti et sa dictature ; le mutualisme qui est fédération contractuelle des producteurs et des consommateurs, ce qui économise les intermédiaires qui se révèlent toujours les profiteurs du capital ; le fédéralisme qui est décentralisation girondine et pouvoir donné aux régions susceptibles de se fédérer ; la garantie de la petite propriété qui interdit l'inévitable dictature que suppose toujours le communisme – Proudhon avait prévu la chose bien avant toute expérience communiste ; l'option libertaire qui se trouve aux antipodes de l'option autoritaire marxiste ; la création d'une banque authentiquement populaire susceptible de prêter sans intérêt ; le crédit et la propriété assurés à tous ; la vie simple et bon marché ; l'administration et la police assurées par les citoyens ; et, *in fine*, la réalisation de la république universelle... Je souscris à tout cela avec enthousiasme ; et je revendique le droit d'inventaire, comme Daniel Guérin dans son *Proudhon, oui et non*[1], pour ce qui s'avère indéfendable concernant les Juifs et les femmes, la guerre et l'homophobie, produits de l'époque, mais produits vénéneux tout de même.

Proudhon permet de penser trois notions intéressantes : le gouvernement anarchiste, l'État anarchiste et le capitalisme anarchiste. Voilà trois notions qui, à première vue, paraissent contradictoires, antinomiques : pour la plupart, un gouvernement met de l'ordre, il ne saurait être anarchiste ; un État contraint ses sujets, lui non plus ne saurait être anarchiste ; le capitalisme est l'exploitation de l'homme par l'homme, comment pourrait-il être anarchiste ?

À première vue, si l'on reste empêtré dans les lieux communs du catéchisme anarchiste, en effet... Mais si, véritablement anarchiste, c'est-à-dire anarchiste avec l'anarchisme, avec les anarchistes, avec l'anarchie, on pense en homme libre, alors ce qui semble non plus une contradiction ou une antinomie apparaît en oxymore, autrement dit, en une figure de style qui permet, par l'association de deux mots apparemment contradictoires, de générer un sens autre, nouveau, supérieur.

---

1. Gallimard, 1978.

Les fameux *se hâter lentement* de La Fontaine, *obscure clarté* de Corneille, ou la *belle figure laide* de Daudet...

Le gouvernement anarchiste est possible si l'on précise qu'il est le contraire du gouvernement autoritaire du capitalisme libéral. Là où, avec le concours de l'État autoritaire, le gouvernement capitaliste opprime, le gouvernement anarchiste libère, et ce avec l'aide d'un État libertaire.

Le gouvernement autoritaire du capitalisme asservit, il vit de la hiérarchie (étymologiquement : le pouvoir du sacré) qui suppose un sommet qui décide et une base subissant ce qui a été décidé pour elle ; il fait descendre ses ordres d'en haut ; il se réclame du peuple mais l'assujettit ; il est autoritaire ; il s'appuie sur la police et l'armée d'État ; il envoie en prison ses opposants ; il est fort avec les faibles et faible avec les forts ; il entretient la paupérisation ; il est la courroie de transmission de l'exploitation des ouvriers par les propriétaires.

Au contraire, le gouvernement anarchiste abolit la hiérarchie ; il ne croit qu'au contrat immanent passé par des citoyens libres ; il établit et garantit la coopération, la mutualisation, la fédération ; il permet au peuple de décider directement pour lui-même ; il est libertaire ; il ne recourt à aucune autre force que celle de ses citoyens ; il lutte contre l'appauvrissement des pauvres et interdit l'enrichissement indécent des riches ; il organise la société de façon à abolir « l'aubaine » (qui est confiscation par les propriétaires de la plus-value dégagée par les travailleurs), à supprimer l'exploitation, à en finir avec la domination, à lutter contre l'injustice sociale.

*Conclusion*

Où l'on voit ce que peut être un État anarchiste : car ce gouvernement produit un état libertaire que peut garantir un État libertaire. Considérer l'État comme un concept, une idée, une forme pure, voilà l'erreur. Une erreur que nous commettons depuis des siècles que la philosophie officielle croit à la réalité concrète des idées plutôt qu'à la réalité du monde – les platoniciens contre les atomistes, les spiritualistes chrétiens contre les matérialistes athées, les réalistes médiévaux contre les nominalistes, les kantiens contre les utilitaristes, les marxistes contre les proudhoniens, les freudiens contre les neurobiologistes, les sartriens contre les camusiens.

Pour Marx qui travaille dans les bibliothèques et compulse livres et archives toute la sainte journée, l'État est une idée hégélienne, un concept relevant de l'idéalisme allemand, plus qu'une mécanique inscrite dans la société et dans l'histoire. C'est la figure de style des *Principes de la philosophie du droit*[1] de Hegel. Cette façon qu'ont eue les intellectuels dominants de croire les idées plus vraies que la réalité, de congédier la réalité plutôt qu'une idée quand la réalité donnait tort à une idée, a généré la faillite des intellectuels et la misère des peuples qui ont subi leur férule.

Pour Proudhon, qui travaille au contact des gens et des choses, de la matière et du réel, l'État n'est pas une idée, mais ce que l'on en fait : un instrument du capitalisme libéral pour exploiter et dominer, asservir et contraindre, assujettir et tyranniser, ou, au contraire,

---

1. 1820.

un instrument de l'anarchie, qui est l'ordre moins le pouvoir, qui libère et qui délivre. L'État sert un maître plus puissant que lui : le capital chez les libéraux, la dictature du prolétariat chez Marx, donc la dictature, l'organisation et le gouvernement anarchiste chez Proudhon. Dans *Théorie de la propriété*[1], Proudhon l'anarchiste fait l'éloge de l'État, pourvu qu'il serve l'idéal anarchiste et combatte l'idéal capitaliste libéral.

Chacun peut comprendre dès lors ce que peut être un capitalisme libertaire, un capitalisme anarchiste. Le capitalisme est la modalité de production des richesses, et cette production n'est aucunement répréhensible en soi. En revanche, la répartition de ces richesses peut se faire de deux manières : soit en faveur du propriétaire, il s'agit alors d'un capitalisme bourgeois ; soit en faveur des travailleurs, on peut alors parler de capitalisme anarchiste ou libertaire.

Précisons : dans son *Premier Mémoire*[2], Proudhon explique qu'il a fallu deux cents grenadiers pour ériger l'obélisque de Louksor sur la place de la Concorde. Ces deux cents grenadiers ont pu obtenir ensemble pendant une heure ce travail qu'une seule personne n'aurait pas pu réaliser seule en deux cents heures. La force de travail des prolétaires produite par la congruence laborieuse a donc rendu possible une valeur. Si cette valeur n'est pas payée à leurs producteurs, la plus-value va dans la poche du propriétaire. Cette façon de

---
1. 1865.
2. *Qu'est-ce que la propriété ?*, 1840.

procéder définit alors un capitalisme libéral dans lequel *le marché* fait la loi.

Dans l'hypothèse d'un capitalisme libertaire, ça n'est plus le marché qui fait la loi, mais *la justice sociale*. Dans ce cas de figure, cette plus-value revient à son producteur, les prolétaires associés. Le capitalisme anarchiste revendique pour le travailleur « le droit à la plus-value ». Voilà pourquoi et comment, dans *Résumé de la question sociale*[1], Proudhon affirme : « C'est le travailleur qui est le vrai capitaliste. »

La coopération et la mutualisation sont les instruments de cette révolution sociale. Nul besoin de dictature, fût-ce du prolétariat ; nulle expropriation violente qui nécessiterait une armée ou une police politique pour obtenir par la force ce que la raison n'obtiendrait pas ; nul camp pour parquer des propriétaires qui auraient subi l'expropriation *manu militari* ; nulle passion triste, comme si souvent à gauche, comme la jalousie et l'envie, le ressentiment et la vengeance de celui qui convoite ce que l'autre a : il suffit d'organiser la production autrement, non pas spolier son voisin, mais se créer sa liberté et enlever à celui qui exploitait hier ce que l'on se donnera à soi-même demain – sa force de travail et sa participation à la richesse créée.

Cette manière d'agir qui évite de faire couler le sang, qui économise la guillotine, qui n'a pas besoin de milices armées et de police politique, qui n'exige pas de prison, qui n'est aucunement autoritaire, est affirmative. Voilà pourquoi Proudhon parle d'« anarchie positive ». Une

---

1. 1848.

anarchie qui construit et ne détruit pas ; qui crée et ne démolit pas ; qui produit des effets et ne brasse pas d'air.

Comment peut-on être anarchiste aujourd'hui ? Cette troisième gauche, ni libérale comme celle qui va de Mitterrand à Hollande, ni autoritaire, comme celle qui joint Thorez à Mélenchon, a été maltraitée dans l'histoire. La Commune est grandement anarchiste, un peu fouriériste, très proudhonienne ; Marx la déteste pour cette raison – elle n'est nulle part marxiste. Le génie anarchiste se fait alors déporter en Nouvelle-Calédonie, comme Louise Michel, ou fusiller par les versaillais qui laissent 20 000 morts derrière eux.

Plus tard, l'anarchie est associée à « la propagande par le fait », comme on dit à l'époque pour rendre compte des attentats, des bombes placées dans les restaurants, des assassinats. Ravachol tue et dévalise un nonagénaire vivant en ermite, la Bande à Bonnot braque et cambriole, elle assassine des vieillards ou un boulanger. Sont-ils anarchistes ? Les uns et les autres le disent... Pour ma part, je ne le crois pas : l'anarchisme ne saurait justifier l'enrichissement personnel par la mise à mort de vieilles personnes ou d'un artisan. Ce sont les méthodes de la mafia capitaliste.

On parle peu de la tradition anarchiste française pour laquelle, en plus de Proudhon, j'ai de la sympathie : la « Ruche », *l'école alternative* que Sébastien Faure crée en 1904 près de Rambouillet ; *l'Université populaire* de Georges Deherme fondée en 1898 et intitulée « La coopération des idées », sise faubourg Saint-Antoine à Paris ; les *Milieux libres* de Georges Butaud et Sophia

Zaïkowska; les *Bourses du travail* de l'anarcho-syndicaliste Fernand Pelloutier; la *camaraderie amoureuse* d'E. Armand, et tant d'autres expériences libertaires concrètes qui peuvent aller de la *création de crèches, d'écoles* ou *de maisons de retraite* à l'ouverture de *coopératives ouvrières*, de *mutualisation de producteurs*, de *jardins ouvriers*, en passant par des expériences du type Lip dans les années 70.

J'ai aimé le livre de John Holloway qui s'intitule *Changer le monde sans prendre le pouvoir*[1]. Il réactualise l'idée majeure de La Boétie, le premier des libertaires modernes, qui invite non pas à la révolution violente pour demain, mais à l'effondrement du vieux monde tout de suite, ici et maintenant, si l'on s'en donne la peine et les moyens.

Dans le *Discours de la servitude volontaire*[2], on peut en effet découvrir une magistrale analyse de la généalogie du pouvoir : il n'existe que parce que ceux sur lesquels il s'exerce y consentent. Pas la peine d'incriminer le dictateur, le patron, le chef, le bourgeois, le propriétaire, le tyran, la droite, la gauche, autrui : il faut s'en prendre à soi-même.

Si le libéralisme existe, c'est parce qu'on y consent; si le capitalisme fait la loi, c'est parce qu'on le veut bien; si le consumérisme ravage la société, c'est parce qu'on fait ce qu'il faut pour; si la pollution détruit la planète, c'est parce qu'on s'y évertue; si la télévision nous abrutit, c'est parce qu'on la regarde; si nos politiciens

---
1. Syllepse/Lux, 2008.
2. 1547.

nous trahissent, c'est parce qu'on les laisse faire ; si les journalistes endoctrinent, c'est parce qu'on les croit naïvement ; si leurs journaux existent encore, c'est parce qu'on les achète ; si l'inculture progresse, c'est parce qu'on ne se cultive pas ; si la bêtise occupe toute la place, c'est qu'on la lui laisse ; si les menteurs sont au pouvoir, c'est parce qu'on les y porte et qu'on les élit ; si les cyniques nous gouvernent, c'est parce qu'on se laisse gouverner ; si l'alimentation industrielle fait proliférer les cancers, c'est parce qu'on ne la boycotte pas ; en un mot : si le mal triomphe, c'est parce qu'on le laisse faire et qu'on ne fait pas le bien. Le capitalisme libéral a les socialistes dans la poche, et il se moque des révolutionnaires en peau de lapin ; mais il ne craint rien tant que le boycott de ses produits.

Pacifiste et pacifique, la révolution anarchiste à laquelle j'aspire est faite de rébellion et d'insoumission, de révolte et de résistance, d'insubordination et de refus, d'indocilité et de dissipation. Elle suppose que, dans les termes de l'alternative posée par Descartes, « se changer ou changer l'ordre du monde », on comprenne que *se changer, c'est aussi changer l'ordre du monde*. Qui voudra pourra.

Si les philosophes n'ont fait jusqu'ici qu'interpréter le monde, il y en a un parmi eux, La Boétie, qui a donné la règle pour le changer radicalement sans violence, ici et maintenant, immédiatement, sans lendemains qui chantent : « Soyez résolus de ne plus servir, et vous voilà libres. » Si nous sommes esclaves, chacun sait désormais qu'il ne tient qu'à lui de cesser de l'être. S'il le reste, c'est qu'il l'aura bien voulu.

# Table

*Préface :* Mener une vie de gauche
*Enfance d'une idée* .................................................. 11

*Introduction :* Le miroir aux alouettes
*Principes d'athéisme social* ...................................... 19

1. Adolf Hitler n'est pas mort
*La déréliction sémantique* ....................................... 45

2. La philosophie est un sport de combat
*Les mauvaises odeurs de l'arène* ............................. 59

3. Anatomie d'un bouc émissaire
*Généalogies du Front national* ............................... 85

4. Caducité du vieux monde
*Le costume sur mesure du Général* ........................ 111

5. Le goût de la servitude volontaire
*Du beau mot de souveraineté* .................................. 133

6. La machine à fabriquer des abrutis
*La propagande médiatique* ...................................... 155

*Le miroir aux alouettes*

7. Ni dieu, ni maître
*Peut-on encore être athée ?* .................................................. 179

8. Colibri et miroir aux alouettes
*Le principe de Gulliver* .......................................................... 199

*Conclusion :* L'anarchie positive
*Éloge de l'ordre anarchiste* ..................................................... 215

# Du même auteur

*Le Ventre des philosophes, Critique de la raison diététique*, Grasset, 1989 ; LGF, 2009.

*Cynismes, Portrait du philosophe en chien*, Grasset, 1990 ; LGF, 2007.

*L'Art de jouir, Pour un matérialisme hédoniste*, Grasset, 1991 ; LGF, 2007.

*L'Œil nomade, La peinture de Jacques Pasquier*, Folle Avoine, 1993.

*La Sculpture de soi, La morale esthétique*, Grasset, 1993 (Prix Médicis de l'essai) ; LGF, 2003.

*La Raison gourmande, Philosophie du goût*, Grasset, 1995 ; LGF, 2008.

*Métaphysique des ruines, La peinture de Monsù Desiderio*, Mollat, 1995 ; LGF, 2010.

*Les Formes du temps, Théorie du sauternes*, Mollat, 1996 ; LGF, 2009.

*Politique du rebelle, Traité de résistance et d'insoumission*, Grasset, 1997 ; LGF, 2008.

*Hommage à Bachelard*, Éd. du Regard, 1998.

*Ars Moriendi, Cent petits tableaux sur les avantages et les inconvénients de la mort*, Folle Avoine, 1998.

*À côté du désir d'éternité, Fragments d'Égypte*, Mollat, 1998 ; LGF, 2006.

*Théorie du corps amoureux, Pour une érotique solaire*, Grasset, 2000 ; LGF, 2007.

*Prêter n'est pas voler*, Mille et une nuits, 2000.

*Antimanuel de philosophie, Leçons socratiques et alternatives*, Bréal, 2001.

*Esthétique du pôle Nord, Stèles hyperboréennes*, Grasset, 2002 ; LGF, 2005.

*Physiologie de Georges Palante, Pour un nietzschéisme de gauche*, Grasset, 2002, LGF, 2005.

*L'Invention du plaisir, Fragments cyrénaïques*, LGF, 2002.

*Célébration du génie colérique, Tombeau de Pierre Bourdieu*, Galilée, 2002.

*Les Icônes païennes, Variations sur Ernest Pignon-Ernest*, Galilée, 2003.

*Archéologie du présent, Manifeste pour une esthétique cynique*, Grasset-Adam Biro, 2003.

*Féeries anatomiques, Généalogie du corps faustien*, Grasset, 2003 ; LGF, 2009.

*Épiphanies de la séparation, La peinture de Gilles Aillaud*, Galilée, 2004.

*La Communauté philosophique, Manifeste pour l'université populaire*, Galilée, 2004.

*Oxymoriques, Les Photographies de Bettina Rheims*, Jannink, 2005.

*Traité d'athéologie, Physique de la métaphysique*, Grasset, 2005 ; LGF, 2009.

*Suite à La Communauté philosophique, Une Machine à porter la voix*, Galilée, 2006.

*Traces de Feux furieux, La Philosophie féroce II*, Galilée, 2006.

*Splendeur de la catastrophe, La peinture de Vladimir Velikovic*, Galilée, 2007.

*Théorie du voyage, Poétique de la géographie*, LGF, 2007.

*La Pensée de midi, Archéologie d'une gauche libertaire*, Galilée, 2007.

*Fixer des vertiges, Les photographies de Willy Ronis*, Galilée, 2007.

*La Sagesse tragique, Du bon usage de Nietzsche*, LGF, 2008.

*L'Innocence du devenir, La vie de Frédéric Nietzsche*, Galilée, 2008.

*La Puissance d'exister, Manifeste hédoniste*, Grasset, 2006 ; LGF, 2008.

*Le Songe d'Eichmann*, Galilée, 2008.

*Le Chiffre de la peinture, L'œuvre de Valerio Adami*, Galilée, 2008.

*Le Souci des plaisirs, Construction d'une érotique solaire*, Flammarion, 2008 ; J'ai Lu, 2010.

*Les Bûchers de Bénarès. Cosmos, Éros et Thanatos*, Galilée, 2008.

*La Vitesse des simulacres. Les Sculptures de Pollès*, Galilée, 2008.

*La Religion du poignard, Éloge de Charlotte Corday*, Galilée, 2009.

*L'Apiculteur et les Indiens, La peinture de Gérard Garouste*, Galilée, 2009.

*Le Corps de mon père*, Hatier, 2009.

*Le Recours aux forêts. La tentation de Démocrite*, Galilée, 2009.

*Philosopher comme un chien. La philosophie féroce III*, Galilée, 2010.

*Nietzsche, se créer liberté*, dessins de M. Leroy, Le Lombard, 2010.

*Manifeste hédoniste*, Autrement, 2011; J'ai Lu, 2013.
*Le Crépuscule d'une idole*, Grasset, 2010; J'ai Lu, 2011.
*La Construction du surhomme*, Grasset, 2011.
*L'Ordre libertaire, La Vie philosophique d'Albert Camus*, Flammarion, 2012; J'ai Lu, 2013.
*Le Corps de mon père*, Hatier, 2012.
*Rendre la raison populaire : Université populaire, mode d'emploi*, Autrement, 2012.
*Universités populaires, hier et aujourd'hui*, Autrement, 2012.
*Le Postanarchisme expliqué à ma grand-mère : Le Principe de Gulliver*, Galilée, 2012.
*La Sagesse des abeilles : Première leçon de Démocrite*, Galilée, 2012.
*Vie et mort d'un dandy : Construction d'un mythe*, Galilée, 2012.
*Abrégé hédoniste*, Librio, 2013.
*La Raison des sortilèges : Entretiens sur la musique*, Autrement, 2013.
*Le Canari du nazi : Essai sur la monstruosité*, Autrement, 2013.
*Le réel n'a pas eu lieu : Le principe de Don Quichotte*, Autrement, 2014.
*La Passion de la méchanceté : Sur un prétendu marquis*, Autrement, 2014.
*Cosmos. Une ontologie matérialiste*, Flammarion, 2015.
*L'Étoile polaire*. Illustrations de Mylène Farmer, Grasset, 2015.
*Penser l'islam*, Grasset, 2016.
*Décadence. Vie et mort du judéo-christianisme*, Flammarion, 2017.

**Journal hédoniste**

*Le Désir d'être un volcan*, Grasset, 1996; LGF, 2008.
*Les Vertus de la foudre*, Grasset, 1998; LGF, 2000.
*L'Archipel des comètes*, Grasset, 2001; LGF, 2002.
*La Lueur des orages désirés*, Grasset, 2007.
*Le Magnétisme des solstices*, Flammarion, 2013.

**Contre-histoire de la philosophie**

*Les Sagesses antiques*, Grasset, 2006; LGF, 2007.
*Le Christianisme hédoniste*, Grasset, 2006; LGF, 2008.

*Les Libertins baroques*, Grasset, 2007 ; LGF, 2009.
*Les Ultras des Lumières*, Grasset, 2007 ; LGF, 2009.
*L'Eudémonisme social*, Grasset, 2008 : LGF, 2010.
*Les Radicalités existentielles*, Grasset, 2009 ; LGF, 2010.
*La Construction du Surhomme*, Grasset, 2011 ; LGF, 2012.
*Les Freudiens hérétiques*, Grasset, 2013.
*Les Consciences réfractaires*, Grasset, 2013.

**Contre-histoire de la philosophie en CD, Frémeaux et associés**

*L'Archipel pré-chrétien (1), De Leucippe à Épicure*, 2004.
*L'Archipel pré-chrétien (2), D'Épicure à Diogène d'Œnanda*, 2005.
*La Résistance au christianisme (1), De l'invention de Jésus au christianisme épicurien*, 2005.
*La Résistance au christianisme (2), D'Érasme à Montaigne*, 2005.
*Les Libertins baroques (1), De Pierre Charron à Cyrano de Bergerac*, 2006.
*Les Libertins baroques (2), De Gassendi à Spinoza*, 2006.
*Les Ultras des Lumières (1), De Meslier à Maupertuis*, 2007.
*Les Ultras des Lumières (2), De Helvétius à Sade*, 2007.
*L'Eudémonisme social (1), De Godwin à Stuart Mill*, 2008.
*L'Eudémonisme social (2), De Stuart Mill à Bakounine*, 2008.
*Le Siècle du Moi (1), De Feuerbach à Schopenhauer*, 2009.
*Le Siècle du Moi (2), De Schopenhauer à Stirner*, 2009.
*La Construction du Surhomme, D'Emerson à Guyau*, 2010.
*Nietzsche*, 2010.
*Freud (1)*, 2011.
*Freud (2)*, 2011.
*Le Siècle du nihilisme (1), De Otto Gross à Wilhelm Reich*, 2012.
*Le Siècle du nihilisme (2), De Erich Fromm à Jacques Lacan*, 2012.
*Albert Camus, Georges Politzer, Paul Nizan*, 2013.

# COLLECTION « PLURIEL »

Actuel

ADLER Alexandre
*Le monde est un enfant qui joue*
*J'ai vu finir le monde ancien*
*Au fil des jours cruels*
*L'Odyssée américaine*
*Rendez-vous avec l'Islam*
*Sociétés secrètes*
*Le jour où l'histoire a recommencé*

ADLER Laure
*Françoise*

ASKENAZY Philippe,
COHEN Daniel
*27 questions d'économie contemporaine*
*16 nouvelles questions d'économie contemporaine*

ATTALI Jacques
*Demain, qui gouvernera le monde ?*
*Devenir soi*
*C'était François Mitterrand*
*Peut-on prévoir l'avenir ?*

ATTIAS Jean-Christophe,
BENBASSA Esther
*Les Juifs ont-ils un avenir ?*
*Encyclopédie des religions*

BACHMANN Christian,
LE GUENNEC Nicole
*Violences urbaines*

BAECQUE (de) Antoine
*Les Duels politiques*

BALLADUR Édouard
*Conversations avec François Mitterrand*

BARBER Benjamin R.
*Djihad versus McWorld*
*L'Empire de la peur*

BARLOW Maude,
CLARKE Tony
*L'Or bleu*

BAVEREZ Nicolas
*Réveillez-vous !*
*Danser sur un volcan*

BEBIN Xavier
*Quand la justice crée l'insécurité*

BEN-AMI Shlomo
*Quel avenir pour Israël ?*

BENAMOU Georges-Marc
*Comédie française*

BENBASSA Esther
*La Souffrance comme identité*

BERGOUGNIOUX Alain,
GRUNBERG Gérard
*Les Socialistes français et le pouvoir (1905–2007)*

BEURET Michel,
MICHEL Serge,
WOODS Paolo
*La Chinafrique*

BHUTTO Benazir
*Autobiographie*

BIASSETTE Gilles,
BAUDU Lysiane J.
*Travailler plus pour gagner moins*

BLAIS Marie-Claude,
GAUCHET Marcel,
OTTAVI Dominique
*Conditions de l'éducation*
*Transmettre, apprendre*

BLIN Arnaud,
CHALIAND Gérard
*Histoire du terrorisme*

BORIS Jean-Pierre
*Le Roman noir des matières premières*

BRENNER Emmanuel (dir.)
*Les Territoires perdus de la République*

BRETON Stéphane
*Télévision*

BROWN Lester
*Le Plan B*

BRZEZINSKI Zbigniew
*Le Grand Échiquier*

CARON Aymeric
*Envoyé spécial*

CARRERE D'ENCAUSSE Hélène
*La Russie entre deux mondes*

CHALIAND Gérard
*Guérillas*

CHARRIN Ève
*L'Inde à l'assaut du monde*

CHEBEL Malek
*Manifeste pour un islam des Lumières*

CHEMIN Ariane,
SCHNEIDER Vanessa
*Le Mauvais Génie de Nicolas Sarkozy*

CLERC Denis
*La France des travailleurs pauvres*

COHEN Daniel
*La Mondialisation et ses ennemis*

COHEN-TANUGI Laurent
*Guerre ou paix*

COHN-BENDIT Daniel
*Que faire ?*

COHN- BENDIT Daniel,
ALGALARRONDO, Hervé
*Et si on arrêtait les conneries ?*

COTTA Michèle
*Mitterrand carnets de route*

DAVIDENKOFF Emmanuel
*Peut-on encore changer l'école?*

DELPECH Thérèse
*L'Ensauvagement*

DELUMEAU Jean
*Un christianisme pour demain*

DEROGY Jacques
*Les vengeurs arméniens*

DOSTALER Gilles
MARIS Bernard
*Capitalisme et pulsion de mort*

DUFRESNE David
*Maintien de l'ordre*
*Tarnac, magasin général*

ÉTIENNE Bruno,
LIOGIER Raphaël
*Être bouddhiste en France aujourd'hui*

FAUROUX Roger,
SPITZ Bernard
*Notre État*

FILIU Jean-Pierre
*La véritable histoire d'Al-Qaida*

FINCHELSTEIN Gilles
*La dictature de l'urgence*

FRÉGOSI Franck
*L'islam dans la laïcité*

GIESBERT Franz-Olivier
*L'animal est une personne*

GLUCKSMANN André
*Ouest contre Ouest*
*Le Discours de la haine*

GODARD Bernard,
TAUSSIG Sylvie
*Les Musulmans en France*

GORE Al
*Urgence planète Terre*

GREENSPAN Alan
*Le Temps des turbulences*

GRESH Alain
*L'Islam, la République et le monde*
*Israël-Palestine*

GRESH Alain,
VIDAL Dominique
*Les 100 Clés du Proche-Orient*

GUÉNIF-SOUILAMAS Nacira
*Des beurettes*

GUÉNOLÉ Thomas
*Petit Guide du mensonge en politique*

HESSEL Stéphane
*Citoyen sans frontières*

HIRSCH Martin
*Pour en finir avec les conflits d'intérêt*

IZRAELEWICZ Erik
*L'arrogance chinoise*

JADHAV Narendra
*Intouchable*

JEANNENEY Jean-Noël (dir.)
*L'Écho du siècle*

JORION Paul
COLMANT Bruno

LAMBRECHTS Marc
*Penser l'économie autrement*

JORION Paul
*Le dernier qui s'en va éteint la lumière*

KAGAN Robert
*La Puissance et la Faiblesse*

KERVASDOUÉ (de) Jean
*Les Prêcheurs de l'apocalypse*

KNIBIEHLER Yvonne
*Mémoires d'une féministe iconoclaste*

LAÏDI Zaki
*Un monde privé de sens*

LATOUCHE Serge
*Le pari de la décroissance*

LAURENS Henry
*L'Orient arabe à l'heure américaine*

LAVILLE Jean-Louis
*L'Économie solidaire*

LE MAIRE Bruno
*Des hommes d'État*

LE GOFF Jean-Pierre
*Malaise dans la démocratie*

LENGLET François
*Qui va payer la crise ?*
*La fin de la mondialisation*

LENOIR Frédéric
*Les Métamorphoses de Dieu*

LEYMARIE Philippe,
PERRET Thierry
*Les 100 Clés de l'Afrique*

MALET Jean-Baptiste
*En Amazonie*

MARIS Bernard
*Et si on aimait la France*

MARTINOT Bertrand
*Pour en finir avec le chômage*

MELENCHON Jean-Luc
*L'Ère du peuple*

MONGIN Olivier
*De quoi rions-nous ?*

MOREAU Jacques
*Les Socialistes français et le mythe révolutionnaire*

MORIN Edgar
*Mon Paris, ma mémoire*

NICOLINO Fabrice,
*Biocarburants, la fausse solution*

NICOLINO Fabrice,
VEILLERETTE François
*Pesticides*

NOUZILLE Vincent
*Les dossiers de la CIA sur la France 1958–1981*
*Les dossiers de la CIA sur la France 1981–2010*

Pape François
*Se mettre au service des autres, voilà le vrai pouvoir*

PIGASSE Matthieu
FINCHELSTEIN Gilles
*Le Monde d'après*

PISANI-FERRY Jean
*La crise de l'euro et comment nous en sortir*

RAFFY Serge
*Le Président, François Hollande, itinéraire secret*

RAMBACH Anne,
RAMBACH Marine
*Les Intellos précaires*

RENAUT Alain
*La Libération des enfants*

REYNIÉ Dominique
*Les nouveaux populismes*

ROCARD Michel
*Oui à la Turquie*

ROY Olivier
*Généalogie de l'islamisme*
*La Laïcité face à l'islam*

ROY Olivier,
ABOU ZAHAD Mariam
*Réseaux islamiques*

SABEG Yazid,
MÉHAIGNERIE Laurence
*Les Oubliés de l'égalité des chances*

SALAS Denis
*La Volonté de punir*

SALMON Christian
*La cérémonie cannibale*

SAPORTA Isabelle
*Le Livre noir de l'agriculture*

SARAH Robert,
DIAT Nicolas
*Dieu ou rien*

SAVIDAN Patrick
*Repenser l'égalité des chances*

SELIGMANN Françoise
*Liberté, quand tu nous tiens…*

SENNETT Richard
*La culture du nouveau capitalisme*

SMITH Stephen
*Négrologie*

SMITH Stephen,
FAES Géraldine
*Noir et Français*

SMITH Stephen,
GLASER Antoine
*Comment la France a perdu l'Afrique*

SOREL Malika
*Décomposition française*

SOROS George
*Mes solutions à la crise*

STORA Benjamin
*La Dernière génération d'octobre*

TAUBIRA Christiane
*Murmures à la jeunesse*

TERNISIEN Xavier
*Les Frères musulmans*

TINCQ Henri
*Les Catholiques*

TRAORÉ Aminata
*Le Viol de l'imaginaire*
*L'Afrique humiliée*

VÉDRINE Hubert
*La France au défi*
*Le Monde au défi*

VÉDRINE Hubert (dir.)
*Un partenariat pour l'avenir*

VERMEREN Pierre
*Maghreb : les origines de la révolution démocratique*

VICTOR Paul-Émile,
VICTOR Jean-Christophe
*Adieu l'Antarctique*

VIROLE Benoît
*L'Enchantement Harry Potter*

WARSCHAWSKI Michel
*Sur la frontière*

WIEVIORKA Michel
*La Tentation antisémite*

## Sciences

ACHACHE José
*Les Sentinelles de la Terre*

BARROW John
*Les Origines de l'Univers*
*Une brève histoire de l'infini*

CAZENAVE Michel (dir.)
*Aux frontières de la science*

CHANGEUX Jean-Pierre
*L'Homme neuronal*

CHARLIER Philippe
*Médecin des morts*

COHEN-TANNOUDJI Gilles
*Les Constantes universelles*

DAFFOS Fernand
*La Vie avant la vie*

DAVIES Paul
*L'Esprit de Dieu*

DAWKINS Richard
*Qu'est-ce que l'Évolution ?*
*Il était une fois nos ancêtres*

FERRIES Timothy
*Histoire du Cosmos de l'Antiquité au Big Bang*

FISCHER Helen
*Histoire naturelle de l'amour*

GLASHOW Sheldon
*Le Charme de la physique*

KANDEL Robert
*L'Incertitude des climats*

LAMBRICHS Louise L.
*La Vérité médicale*

LASZLO Pierre
*Chemins et savoirs du sel*
*Qu'est-ce que l'alchimie ?*

LEAKEY Richard
*L'Origine de l'humanité*

SEIFE Charles
*Zéro*

SINGH Simon
*Le Dernier Théorème de Fermat*

*Le Roman du Big Bang*
STEWART John
*La Nature et les nombres*
VIDAL-MADJAR Alfred

*Il pleut des planètes*
WAAL Frans (de)
*Le singe en nous*

Philosophie

ARON Raymond
*Essai sur les libertés*
*L'Opium des intellectuels*

AZOUVI François
*Descartes et la France*

BADIOU Alain
*Deleuze*
*La République de Platon*

BESNIER Jean-Michel
*Demain les posthumains, le futur a-t-il encore besoin de nous ?*

BLAIS Marie-Claude,
GAUCHET Marcel,
OTTAVI Dominique
*Pour une philosophie politique de l'éducation*

BOUDON Raymond
*Le Juste et le vrai*

BOUVERESSE Jacques
*Le Philosophe et le réel*

BURKE Edmund
*Réflexions sur la Révolution en France*

CANTO-SPERBER Monique
*Le Libéralisme et la gauche*

CASSIN Barbara
*La nostalgie*

CASSIRER Ernst
*Le Problème Jean-Jacques Rousseau*

CHÂTELET François
*Histoire de la philosophie*
*t. 1 : La Philosophie païenne (du VI$^e$ siècle av. J.-C. au III$^e$ siècle après J.-C.)*
*t. 2 : La Philosophie médiévale (du I$^{er}$ au XV$^e$ siècle)*
*t. 3 : La Philosophie du monde nouveau (XVI$^e$ et XVII$^e$ siècles)*
*t. 4 : Les Lumières (XVIII$^e$ siècle)*
*t. 5 : La Philosophie et l'histoire (de 1780 à 1880)*
*t. 6 : La Philosophie du monde scientifique et industriel (de 1860 à 1940)*
*t. 7 : La Philosophie des sciences sociales (de 1860 à nos jours)*
*t. 8 : Le XX$^e$ siècle*

CONSTANT Benjamin
*Principes de politique*

DESANTI Jean-Toussaint
*Le Philosophe et les pouvoirs*
*Un destin philosophique*

DESCHAVANNE Éric,
TAVOILLOT Pierre-Henri
*Philosophie des âges de la vie*

DETIENNE Marcel
*Dionysos à ciel ouvert*

FLEURY Cynthia
*Pretium doloris*

GIRARD René
*La Violence et le sacré*
*Celui par qui le scandale arrive*

*Mensonge romantique et vérité romanesque*
*Les Origines de la culture*

GLUCKSMANN André
*Le Bien et le Mal*
*Une rage d'enfant*

GRUZINSKI Serge
*La pensée métisse*

HABERMAS Jürgen
*Après Marx*
*Après l'État-nation*
*L'intégration républicaine*

HABIB Claude
*Le Consentement amoureux*

HAZARD Paul
*La Pensée européenne au XVIIIe siècle*

JANICAUD Dominique
*Heidegger en France (2 vol.)*

JANKÉLÉVITCH Sophie,

OGILVIE Bertrand
*L'Amitié*

JARDIN André
*Alexis de Tocqueville*

JERPHAGNON Lucien
*Les dieux ne sont jamais loin*
*Au bonheur des sages*
*Histoire de la pensée*
*Mes leçons d'antan*

JOUVENEL (de) Bertrand
*Du pouvoir*

KAHN Axel,

GODIN Christian
*L'Homme, le bien, le mal*

LA ROCHEFOUCAULD
*Maximes, réflexions, lettres*

LENOIR Frédéric
*Le temps de la responsabilité*

LINDENBERG Daniel
*Destins marranes*

LÖWITH Karl
*Nietzsche*

MANENT Pierre
*Histoire intellectuelle du libéralisme*

MARZANO Michela
*La Fidélité ou l'amour à vif*
*La Pornographie ou l'épuisement du désir*
*Extension du domaine de la manipulation*
*Éloge de la confiance*

MONGIN Olivier
*Face au scepticisme*

MORIN Edgar
*La Voie*
*Mes philosophes*

NEGRI Anthonio
*Job, la force de l'esclave*

NIETZSCHE Friedrich
*Aurore*
*Humain, trop humain*
*Le Gai Savoir*
*Par-delà le bien et le mal*

ONFRAY Michel
*Le Miroir aux alouettes*

ORDINE Nuccio
*L'Utilité de l'inutile*

ORY Pascal
*Nouvelle Histoire des idées politiques*

QUINET Edgar
*L'Enseignement du peuple, suivi de*
*La Révolution religieuse au XIXe siècle*

RICHIR Marc
*La Naissance des dieux*

RICŒUR Paul

*La Critique et la conviction*
ROUSSEAU Jean-Jacques
*Du contrat social*
SAVATER Fernando
*Choisir, la liberté*
*Sur l'art de vivre*
*Les Dix Commandements au XXI<sup>e</sup> siècle*
SAVIDAN Patrick
*Repenser l'égalité des chances*
SCHOLEM Gershom
*Walter Benjamin*
SERRES Michel
*Les Cinq Sens*
*Le Parasite*
*Rome*
SIRINELLI Jean-François
*Sartre et Aron*
*Les Vingt décisives*
SLOTERDIJK Peter
*Bulles. Sphères I*
*Globes. Sphères II*
*Écumes. Sphères III*
*Colère et temps*
*Essai d'intoxication volontaire, suivi de L'Heure du crime et le temps de l'œuvre d'art*
*Ni le soleil ni la mort*
*Les Battements du monde*
*Le Palais de cristal*
*La folie de Dieu*
*Tempéraments philosophiques*
*Tu dois changer ta vie*
STAUNE Jean
*Notre existence a-t-elle un sens ?*
SUN TZU
*L'Art de la guerre*
TODOROV Tzvetan
*Les Morales de l'histoire*
WOLFF Francis
*Philosophie de la corrida*
*Penser avec les Anciens*
ZIMMER Robert
*Le Grand Livre des philosophes*

Psychanalyse, psychologie

BETTELHEIM Bruno
*Le Poids d'une vie*
BETTELHEIM Bruno,
ROSENFELD Alvin
*Dans les chaussures d'un autre*
BONNAFÉ Marie
*Les Livres, c'est bon pour les bébés*
BRUNSCHWIG Hélène
*N'ayons pas peur de la psychothérapie*
CRAMER Bertrand
*Profession bébé*
CYRULNIK Boris
*Mémoire de singe et paroles d'homme*
*La Naissance du sens*
*Sous le signe du lien*
CYRULINK Boris,
MATIGNON Karine Lou,
FOUGEA Frédéric
*La Fabuleuse Aventure des hommes et des animaux*
CZECHOWSKI Nicole,
DANZIGER Claudie
*Deuils*
DANON-BOILEAU Henri
*De la vieillesse à la mort*
DUMAS Didier
*La Sexualité masculine*
*Sans père et sans parole*

FLEM Lydia
*Freud et ses patients*

GREEN André
*Un psychanalyste engagé*

GRIMBERT Philippe
*Pas de fumée sans Freud*
*Psychanalyse de la chanson*

HADDAD Antonietta,
HADDAD Gérard
*Freud en Italie*

HADDAD Gérard
*Manger le livre*

HEFEZ Serge
*Quand la famille s'emmêle*
*Dans le cœur des hommes*
*Scènes de la vie conjugale*

HEFEZ Serge,
LAUFER Danièle
*La Danse du couple*

HOFFMANN Christian
*Introduction à Freud*

JEAMMET Philippe
*Anorexie Boulimie*

JOUBERT Catherine,
STERN Sarah
*Déshabillez-moi*

KORFF-SAUSS Simone
*Dialogue avec mon*
*psychanalyste*
*Le Miroir brisé*

LAPLANCHE Jean,
PONTALIS Jean-Bernard
*Fantasme originaire. Fantasme*
*des origines. Origines du*
*fantasme*

LESSANA Marie-Magdeleine
*Entre mère et fille : un ravage*

MORO Marie-Rose
*Enfants d'ici venus d'ailleurs*

PERRIER François
*L'Amour*

PHILLIPS Adam
*Le Pouvoir psy*

SIETY Anne
*Mathématiques, ma chère terreur*

SUTTON Nina
*Bruno Bettelheim*

TISSERON Serge
*Comment Hitchcock m'a guéri*
*Psychanalyse de l'image*

TOMKIEWICZ Stanislas
*L'Adolescence volée*

VIGOUROUX François
*L'Âme des maisons*
*L'Empire des mères*
*Le Secret de famille*

Sociologie, anthropologie

AMSELLE Jean-Loup
*L'Occident décroché*

ARNALDEZ Roger
*L'Homme selon le Coran*

AUGÉ Marc
*Un ethnologue dans le métro*

BADIE Bertrand,
BIRNBAUM Pierre
*Sociologie de l'État*
*Le peuple et les gros*
*Le moment antisémite*

BAUMAN Zygmunt
*Le Coût humain de la*
*mondialisation*
*La Société assiégée*
*L'Amour liquide*
*La Vie en miettes. Expérience*

*moderne et moralité*
*La Vie liquide*
BEAUD Stéphane,
PIALOUX Michel
*Violences urbaines, violence sociale*
BOUDON Raymond
*La Logique du social*
*L'Inégalité des chances*
BROMBERGER Christian
*Passions ordinaires*
CALVET Louis-Jean
*Histoire de l'écriture*
CASTEL Robert,
HAROCHE Claudine
*Propriété privée, propriété sociale, propriété de soi*
CLERGET Stéphane
*Adolescents, la crise nécessaire*
DIGARD Jean-Pierre
*Les Français et leurs animaux*
EHRENBERG Alain
*Le Culte de la performance*
*L'Individu incertain*
ELIAS Norbert
*Norbert Elias par lui-même*
*Du temps*
ELLUL Jacques
*Le Bluff technologique*
FOURASTIÉ Jean
*Les Trente Glorieuses*
GARAPON Antoine,
PERDRIOLLE Sylvie
*Quelle autorité ?*
GAY Christian
*Vivre avec un maniaco-dépressif*
GIDDENS Anthony
*La Transformation de l'intimité*
GINESTE Thierry
*Victor de l'Aveyron*
GUÉRIN Serge
*L'Invention des seniors*
HIRSCHMAN Albert O.
*Bonheur privé, action publique*
KAUFMANN Jean-Claude
*Casseroles, amour et crises*
*L'Invention de soi*
*Ego*
*Quand Je est un autre*
*L'étrange histoire de l'amour heureux*
LAHIRE Bernard
*L'Homme pluriel*
LAMBERT Yves
*La naissance des religions*
LAVILLE Jean-Louis,
SAINSAULIEU Renaud
*L'association. Sociologie et économie*
LE BRAS Hervé
*Marianne et les lapins*
LE BRETON David
*L'Adolescence à risque*
MONOD Jean
*Les Barjots*
MORIN Edgar
*Commune en France. La métamorphose de Plozévet*
MUXEL Anne
*Individu et mémoire familiale*
PONT-HUMBERT Catherine
*Dictionnaire des symboles, des rites et des croyances*
RAUCH André
*Crise de l'identité masculine, 1789–1914*
*Vacances en France de 1830 à nos jours*
ROBIN Corey
*La Peur*

SAVIER Lucette
*Des sœurs, des frères*

SENNETT Richard
*Respect*
*La Culture du nouveau capitalisme*

SINGLY (de) François
*Les Uns avec les autres*
*Les Adonaissants*
*L'Injustice ménagère*
*Comment aider l'enfant à devenir lui-même ?*
*Séparée*

SULLEROT Évelyne
*La Crise de la famille*

THÉLOT Claude
*Tel père, tel fils ?*

TIERNEY Patrick
*Au nom de la civilisation*

URFALINO Philippe
*L'Invention de la politique culturelle*

WIEVIORKA Michel
*La Violence*
*Neuf leçons de sociologie*

Histoire

ADLER Laure
*Les Maisons closes*
*Secrets d'alcôve*

AGULHON Maurice
*De Gaulle. Histoire, symbole, mythe*
*La République (de 1880 à nos jours)*
*t. 1 : L'Élan fondateur et la grande blessure (1880–1932)*
*t. 2 : Nouveaux drames et nouveaux espoirs (de 1932 à nos jours)*

ALEXANDRE-BIDON Danièle
*La Mort au Moyen Âge*

ALEXANDRE-BIDON Danièle,

LETT Didier
*Les Enfants au Moyen Âge*

AMEUR Farid
*Le Ku Klux Klan*

ANATI Emmanuel
*La Religion des origines*

ANDREU Guillemette
*Les Égyptiens au temps des pharaons*

ANTOINE Michel
*Louis XV*

ATTALI Jacques
*Diderot ou le bonheur de penser*

AUBRAC Raymond,
HELFER-AUBRAC Renaud
*Passage de témoin*

BALANDIER Georges
*Le Royaume de Kongo du XVI$^e$ au XVIII$^e$ siècle*

BALLET Pascale
*La Vie quotidienne à Alexandrie*

BANCEL Nicolas,

BLANCHART Pascal,

VERGÈS Françoise
*La République coloniale*

BARTOV Omer
*L'Armée d'Hitler*

BASLEZ Marie-Françoise
*Saint Paul*

BEAUFRE André (Général)
*Introduction à la stratégie*

BÉAUR Gérard
*La Terre et les hommes*

BECHTEL Guy
*La Chair, le diable et le confesseur*

BECKER Annette
*Oubliés de la Grande Guerre*

BÉDARIDA François
*Churchill*

BENNASSAR Bartolomé, VINCENT Bernard
*Le Temps de l'Espagne, XVIᵉ–XVIIᵉ siècles*

BENNASSAR Bartolomé, MARIN Richard
*Histoire du Brésil*

BENNASSAR Bartolomé
*L'Inquisition espagnole, XVᵉ–XIXᵉ siècles*

BERCÉ Yves-Marie
*Fête et révolte*

BERNAND André
*Alexandrie la grande*

BLUCHE François
*Le Despotisme éclairé*
*Louis XIV*
*Les Français au temps de Louis XVI*

BOLOGNE Jean Claude
*Histoire de la pudeur*
*Histoire du mariage en Occident*
*Histoire du célibat*

BORDONOVE Georges
*Les Templiers au XIIIᵉ siècle*

BOTTÉRO Jean
*Babylone et la Bible, Entretiens avec Hélène Monsacré*
*Au commencement étaient les dieux*

BOTTÉRO Jean, HERRENSCHMIDT Clarisse, VERNANT Jean-Pierre
*L'Orient ancien et nous*

BOUCHENOT-DECHIN Patricia
*André Le Nôtre*

BOUCHERON Patrick (dir.)
*Histoire du monde au XVᵉ siècle*
*t.1 : Territoires et écritures du monde*
*t. 2 : Temps et devenirs du monde*

BREDIN Jean-Denis
*Un tribunal au garde-à-vous*

BROSZAT Martin
*L'État hitlérien*

BROWNING Christopher R.
*À l'intérieur d'un camp de travail nazi*

BRULÉ Pierre
*Les Femmes grecques*

CAHEN Claude
*L'Islam, des origines au début de l'Empire ottoman*

CARCOPINO Jérôme
*Rome à l'apogée de l'Empire*

CARRÈRE D'ENCAUSSE Hélène
*Catherine II*
*Lénine*
*Nicolas II*
*Les Romanov*

CHAUNU Pierre
*Le Temps des réformes*

CHEBEL Malek
*L'Esclavage en Terre d'Islam*

CHÉLINI Jean
*Histoire religieuse de l'Occident médiéval*

**CHOURAQUI André**
*Les Hommes de la Bible*

**CLAVAL Paul**
*Brève histoire de l'urbanisme*

**CLOUAS Ivan**
*Les Borgia*
*Les Châteaux de la Loire au temps de la Renaissance*

**CROUZET Denis**
*La nuit de la Saint-Barthélemy*

**COLLECTIF**
*Chevaliers et châteaux-forts*
*Les Francs-Maçons*
*Le nazisme en questions*
*Les plus grands mensonges de l'histoire*
*Le Japon*
*L'Iran*
*Versailles*
*Amour et sexualité*
*La Cuisine et la Table*
*La guerre de Cent Ans*
*L'Espagne*
*Les grandes crises dans l'histoire*
*La Turquie, d'une révolution à l'autre*

**CONAN Éric,**

**ROUSSO Henry**
*Vichy, un passé qui ne passe pas*

**D'ALMEIDA Fabrice**
*Ressources inhumaines*

**DARMON Pierre**
*Le Médecin parisien en 1900*
*Vivre à Paris pendant la Grande Guerre*

**DAVRIL Dom Anselme,**

**PALAZZO Éric**
*La Vie des moines au temps des grandes abbayes*

**DELARUE Jacques**
*Trafics et crimes sous l'Occupation*

**DELUMEAU Jean**
*La Peur en Occident*
*Rome au XVI$^e$ siècle*
*Une histoire du paradis*
*t. 1 : Le Jardin des délices*
*t. 2 : Mille ans de bonheur*
*t. 3 : Que reste-t-il du paradis ?*

**DESANTI Dominique**
*Ce que le siècle m'a dit*

**DESSERT Daniel**
*Fouquet*

**DOMENACH Jean-Luc**
*Mao, sa cour et ses complots*

**DUBY Georges**
*Le Chevalier, la femme et le prêtre*
*Le Moyen Âge (987–1460)*

**DUCLERT Vincent**
*Alfred Dreyfus, l'honneur d'un patriote*

**DUCREY Pierre**
*Guerre et guerriers dans la Grèce antique*

**DUPUY Roger**
*Les Chouans*

**DUROSELLE Jean-Baptiste**
*L'Europe, histoire de ses peuples*

**EINAUDI Jean-Luc**
*Octobre 1961*

**EISENSTEIN Elizabeth L.**
*La Révolution de l'imprimé*

**ENDERLIN Charles**
*Par le feu et par le sang*

**ESLIN Jean-Claude,**

**CORNU Catherine**
*La Bible, 2 000 ans de lectures*

ESPRIT
*Écrire contre la guerre d'Algérie (1947–1962)*

ÉTIENNE Bruno
*Abdelkader*

ETIENNE Robert
*Pompéi*

FAVIER Jean
*De l'or et des épices*

FERRO Marc
*Le Livre noir du colonialisme*
*Nazisme et communisme*
*Pétain*

FINLEY Moses I.
*On a perdu la guerre de Troie*

FILIU Jean-Pierre
*Histoire de Gaza*

FLACELIÈRE Robert
*La Grèce au siècle de Périclès*

FONTAINE Marion (dir.)
*Ainsi nous parle Jean Jaurès*

FOSSIER Robert
*Le Travail au Moyen Âge*
*Ces gens du Moyen Âge*

FRUGONI Chiara
*Saint François d'Assise*

FURET François
*La Révolution (1770–1880)*
*t. 1 : La Révolution française, de Turgot à Napoléon (1770–1814)*
*t. 2 : Terminer la Révolution, de Louis XVIII à Jules Ferry (1814–1880)*

FURET François,
NOLTE Ernst
*Fascisme et communisme*

FURET François,

RICHET Denis
*La Révolution française*

GARIN Eugenio
*L'Éducation de l'homme moderne (1400–1600)*

GELLY Violaine,
GRADVOHL Paul
*Charlotte Delbo*

GERVAIS Danièle
*La Ligne de démarcation*

GIRARD Louis
*Napoléon III*

GOUBERT Pierre
*Initiation à l'histoire de la France*
*L'Avènement du Roi-Soleil*
*Mazarin*
*Louis XIV et vingt millions de Français*

GOUBERT Jean-Pierre
*Une histoire de l'hygiène*

GRAS Michel,
ROUILLARD Pierre,
TEIXIDOR Xavier
*L'Univers phénicien*

GUESLIN André
*Une histoire de la pauvreté dans la France du XX$^e$ siècle*

GUICHARD Pierre
*Al-Andalus (711–1492)*

GUILAINE Jean
*La Mer partagée*

HEERS Jacques
*Esclaves et domestiques au Moyen Âge*
*La Ville au Moyen Âge en Occident*

HOBSBAWM Eric J.
*Franc-tireur. Autobiographie*

*L'Ère des révolutions
(1789–1848)*
*L'Ère du capital (1848–1875)*
*L'Ère des empires (1875–1914)*
*Marx et l'histoire*
*Les primitifs de la révolte dans l'Europe moderne*
*Aux armes, historiens*

HOWARD Dick
*Aux origines de la pensée politique américaine*

HUSSEIN Mahmoud
*Al-Sîra (2 vol.)*

INGRAO Christian
*Croire et détruire*

JAFFRELOT Christophe (dir.)
*L'Inde contemporaine*

JERPHAGNON Lucien
*Histoire de la Rome antique*
*Les Divins Césars*

JOHNSON Hugh
*Une histoire mondiale du vin*

JOMINI (de) Antoine-Henri
*Les Guerres de la Révolution (1792–1797)*

JOXE Pierre
*L'Édit de Nantes*

JUDT Tony
*Après-guerre*

KAHN Jean-François
*L'invention des Français*
*La tragédie de l'Occident*

KNIBIEHLER Yvonne
*Histoire des infirmières en France au XX$^e$ siècle*

KRIEGEL Maurice
*Les Juifs à la fin du Moyen Âge dans l'Europe méditerranéenne*

LACARRIÈRE Jacques
*En cheminant avec Hérodote*

LACORNE Denis
*L'Invention de la République américaine*

LAURIOUX Bruno
*Manger au Moyen Âge*

LE BRIS Michel
*D'or, de rêves et de sang*

LEBRUN Jean
*Notre Chanel*

LE GOFF Jacques
*La Bourse et la vie*
*Un long Moyen Âge*

LE GOFF Jacques,
SCHMITT Jean-Claude
*Dictionnaire raisonné de l'Occident médiéval*

LE NAOUR Jean-Yves
*Le Soldat inconnu vivant*

LENTZ Thierry
*Le Grand Consulat*

LE ROY LADURIE Emmanuel
*L'État royal (1460–1610)*
*L'Ancien Régime (1610–1770)*
*t. 1 : L'Absolutisme en vraie grandeur (1610–1715)*
*t. 2 : L'Absolutisme bien tempéré (1715–1770)*
*Trente-trois questions sur l'histoire du climat*

LEUWERS Hervé
*Robespierre*

LEVER Maurice et Évelyne
*Le chevalier d'Éon*

LEVER Évelyne
*Louis XVIII*
*C'était Marie-Antoinette*
*L'affaire du collier*
*Louis XVI*

LÉVI Jean (traduction et commentaires)

*Les Sept Traités de la guerre*

LIAUZU Claude
*Histoire de l'anticolonialisme*

MALET-ISAAC
*Histoire*
*t. 1 : Rome et le Moyen Âge (735 av. J.-C.-1492)*
*t. 2 : L'âge classique (1492–1789)*
*t. 3 : Les Révolutions (1789–1848)*
*t. 4 : La Naissance du monde moderne (1848–1914)*

MANDROU Robert
*Possession et sorcellerie au XVIIe siècle*

MANTRAN Robert
*Istanbul au siècle de Soliman le Magnifique*

MARGOLIN Jean-Louis
*Violences et crimes du Japon en guerre (1937–1945)*

MARTIN-FUGIER Anne
*La Bourgeoise*

MAUSS-COPEAUX Claire
*Appelés en Algérie*

MILO Daniel
*Trahir le temps*

MILZA Pierre
*Les derniers jours de Mussolini*
*Histoire de l'Italie*
*Garibaldi*

MIQUEL Pierre
*La Grande Guerre au jour le jour*

MORICEAU Jean-Marc
*L'Homme contre le loup*
*Histoire du méchant loup*

MOSSE George L.
*De la Grande Guerre au totalitarisme*

MUCHEMBLED Robert
*L'Invention de l'homme moderne*

MURRAY KENDALL Paul
*Louis XI*

NEVEUX Hugues
*Les Révoltes paysannes en Europe*
*(XIVe–XVIIe siècles)*

NOIRIEL Gérard
*Réfugiés et sans-papiers*
*Immigration, antisémitisme et racisme en France*
*(XIXe–XXe siècles)*

PÉAN Pierre
*Une jeunesse française, François Mitterrand,*
*1934–1947*
*Vies et morts de Jean Moulin*

PELIKAN Jaroslav
*Jésus au fil de l'histoire*

PÉREZ Joseph
*L'Espagne de Philippe II*
*Thérèse d'Avila*

PERNOUD Régine,
CLIN Marie-Véronique
*Jeanne d'Arc*

PETITFILS Jean-Christian
*Les communautés utopistes au XIXe siècle*
*Le Régent*

PÉTRÉ-GRENOUILLEAU Olivier
*Nantes au temps de la traite des Noirs*

PITTE Jean-Robert
*Bordeaux Bourgogne*

POMEAU René
*L'Europe des Lumières*

PORTIER-KALTENBACH Clémentine

*Histoires d'os et autres illustres abattis*

POURCHER Yves
*Les Jours de guerre*

POZNANSKI Renée
*Les Juifs en France pendant la Seconde Guerre mondiale*

PRÉPOSIET Jean
*Histoire de l'anarchisme*

RANCIÈRE Jacques
*La Nuit des prolétaires*

RAUCH André
*Histoire du premier sexe*

RAUSCHNING Hermann
*Hitler m'a dit*

RÉGENT Frédéric
*La France et ses esclaves*

RÉMOND René
*La République souveraine*

REVEL Jacques
*Fernand Braudel et l'histoire*

RICHARD Jean
*Histoire des croisades*

RICHÉ Pierre
*Les Carolingiens*

RICHÉ Pierre,
VERGER Jacques,
*Maître et élèves au Moyen Âge*

RIEFFEL Rémy
*Les Intellectuels sous la V<sup>e</sup> République (3 vol.)*

RIOUX Jean-Pierre
*De Gaulle*

RIOUX Jean-Pierre,
SIRINELLI Jean-François
*La France d'un siècle à l'autre (2 vol.)*
*La Culture de masse en France*

STERNHELL Zeev
*Maurice Barrès et le nationalisme français*

RIVET Daniel
*Le Maghreb à l'épreuve de la colonisation*

ROCHE Daniel
*Les circulations dans l'Europe moderne*

ROTH François
*La Guerre de 1870*

ROUCHE Michel
*Clovis*

ROUSSEL Éric
*Pierre Brossolette*

ROUSSET David
*Les Jours de notre mort*
*L'Univers concentrationnaire*

ROUSSO Henry
*Un château en Allemagne, Sigmaringen (1944–1945)*

ROUX Jean-Paul
*Les Explorateurs au Moyen Âge*

SEGEV Tom
*1967*

SIRINELLI Jean-François
*Les Baby-boomers*
*Les Vingt Décisives*

SOUSTELLE Jacques
*Les Aztèques à la veille de la conquête espagnole*

SOUTOU Georges-Henri
*La Guerre froide*

SPEER Albert
*Au cœur du Troisième Reich*

STORA Benjamin
*Les Trois Exils. Juifs d'Algérie*
*Messali Hadj*
*Les Immigrés algériens en France*
*De Gaulle et la guerre d'Algérie*

*Mitterrand et la guerre d'Algérie*
*Les guerres sans fin*
STORA Benjamin,
HARBI Mohammed
*La Guerre d'Algérie*
THIBAUDET Albert
*La République des Professeurs suivi de Les Princes lorrains*
TRAVERSO Enzo
*La Guerre civile européenne (1914–1945)*
TROCMÉ Étienne
*L'Enfance du christianisme*
TULARD Jean
*Napoléon*
*Les Français sous Napoléon*
*Napoléon. Les grands moments d'un destin*
VALENSI Lucette
*Venise et la Sublime Porte*
VALLAUD Pierre
*Atlas historique du XX<sup>e</sup> siècle*
*L'Étau*
VERDES-LEROUX Jeannine
*Les Français d'Algérie de 1830 à aujourd'hui*
VERNANT Jean-Pierre
*La Mort dans les yeux*
VEYNE Paul
*Le Quotidien et l'intéressant*
VIDAL-NAQUET Pierre
*L'Histoire est mon combat,*
*Entretiens avec Dominique Bourel et Hélène Monsacré*
VILLIERS Patrick
*La France sur mer de Louis XIII et Napoléon I<sup>er</sup>*
VINCENT Bernard
*Ainsi nous parle Abraham Lincoln*
WEBER Eugen
*La fin des terroirs*
WEIL Georges
*Histoire de l'idée laïque en France au XIX<sup>e</sup> siècle*
WERNER Karl Ferdinand
*Naissance de la noblesse*
WIEVIORKA Annette
*Déportation et génocide*
*L'Ère du témoin*
*Auschwitz*
WINOCK Michel
*Madame de Staël*

Lettres et arts

ABÉCASSIS Armand,
ABÉCASSIS Éliette
*Le Livre des passeurs*
ARNAUD Claude
*Qui dit je en nous ?*
BADIOU Alain
*Beckett*
BAECQUE (de) Antoine
*La Cinéphilie*

*Godard*
BARRÉ Jean-Luc
*Mauriac. Biographie intime*
BONFAND Alain
*Paul Klee*
BONIVICINI Stéphanie
*La Consolation*
CLARK Kenneth
*Le Nu (2 vol.)*

DAIX Pierre
*Les Surréalistes*
*Picasso*

DE DUVE Thierry
*Résonances du readymade*

DELON Michel
*Le Savoir-vivre libertin*

FERRIER Jean-Louis
*Brève histoire de l'art*
*De Picasso à Guernica*

GABLER Neil
*Le Royaume de leurs rêves*

GIRARD René
*Mensonge romantique, vérité romanesque*

GOODMAN Nelson
*Langages de l'art*

GRANET Danièle,
LAMOUR Catherine
*Grands et petits secrets du monde de l'art*

GRAVES Robert
*Les Mythes grecs*

GUILBAUT Serge
*Comment New York vola l'idée d'art moderne*

HEINICH Nathalie
*L'Art contemporain exposé aux rejets*

HURÉ Pierre-Antoine,
KNEPPER Claude
*Liszt en son temps*

KAMINSKI Piotr
*Les 1010 grands opéras*

KRISTEVA Julia
*Beauvoir présente*

LAZARD Madeleine
*Rabelais l'humaniste*

LE BIHAN Adrien
*De Gaulle écrivain*

LIÉBERT Georges
*L'Art du chef d'orchestre*

LOYER Emmanuelle
*Paris à New York*

MARTIN-FUGIER Anne
*La Vie d'artiste au XIX$^e$ siècle*
*Les Romantiques*

MAUBERT Franck
*Le dernier modèle*

MERLIN Christian
*Au cœur de l'orchestre*

MESCHONNIC Henri
*De la langue française*

MICHAUD Yves
*L'Art à l'état gazeux*
*Critères esthétiques et jugement de goût*
*L'Artiste et les commissaires*

ONFRAY Michel
Avec Jean-Yves Clément
*La raison des sortilèges*

PACHET Pierre
*Les Baromètres de l'âme*

POURRIOL Ollivier
*Cinéphilo*

RANCIÈRE Jacques
*La Parole muette*
*Mallarmé*

REWALD John
*Le Post-impressionnisme*
*Histoire de l'impressionnisme*

SABATIER Benoît
*Culture jeune*

SALLES Catherine
*La Mythologie grecque et romaine*

STEINER George
*De la Bible à Kafka*

*Extraterritorialité*
STEINER George,

LADJALI Cécile
*Éloge de la transmission*

TAPIÉ Victor L.
*Baroque et classicisme*

VALLIER Dora
*L'Art abstrait*

VIRCONDELET Alain
*Albert Camus, fils d'Alger*

VON DER WEID Jean-Noël
*La Musique du XXe siècle*

Fayard s'engage pour l'environnement en réduisant l'empreinte carbone de ses livres. Celle de cet exemplaire est de : **0,500 kg éq. CO$_2$**
Rendez-vous sur www.fayard-durable.fr

PAPIER À BASE DE FIBRES CERTIFIÉES

Imprimé en mars 2017 par
CPI
14-1377-3/01